rowohlt PAPERBACK

W0367942

You'll Never Walk Alone

YOU'LL WALK

Illustrationen Florian Weber

Florian Weber

Never Alone

Rowohlt Taschenbuch Verlag

Originalausgabe
Veröffentlicht im Rowohlt Taschenbuch Verlag,
Reinbek bei Hamburg, Mai 2006
Copyright © 2006 by Rowohlt Verlag GmbH,
Reinbek bei Hamburg
Lektorat lüra – Klemt & Mues GbR
Umschlaggestaltung Kai Büschel
Innengestaltung Daniel Sauthoff
Satz LinoLetter PostScript, InDesign, bei
Pinkuin Satz und Datentechnik, Berlin
Druck und Bindung Clausen & Bosse, Leck
Printed in Germany
ISBN 13: 978 499 24291 5
ISBN 10: 3 499 24291 5

Die Liedzeilen auf den Seiten 79, 194 und 196 sind aus «There Is A Light That Never Goes Out» von The Smiths.

Die Fußballer, die in diesem Buch erwähnt werden, gab oder gibt es wirklich. Die Musiktitel sind zum Teil erfunden. Die handelnden Personen existieren hingegen gar nicht.

Die vor jedem Kapitel präsentierten Fußballer sind meine Traumelf!

10

1.
Es gibt intellektuelle Fußballer.

2.
Musik bewegt, Musik verändert.

3.
Liebe erst recht.

Dino Zoff, I

Dino Nazionale! Als Dino mit der italienischen Mannschaft Weltmeister wurde, war er schon 40 Jahre alt – so alt wie sonst keiner! Außerdem hält er den Rekord als Nationalkeeper, der die längste Zeit ohne Gegentor geblieben ist. Von September 1972 bis Juni 1974 – 1142 Minuten lang – hatte er auf internationaler Ebene keinen Ball passieren lassen. Beendet wurde die Serie bei der Weltmeisterschaft in Deutschland ausgerechnet von einem Spieler der Auswahl Haitis. Wenn ich Torwart war, dann: Flori Nazionale!
Erfolge als Nationalspieler bei großen internationalen Turnieren:

Weltmeister:

1982 mit Italien

Europameister:

1968 mit Italien

Erster Verein:

07/61–06/63 Udinese Calcio

Letzter Verein:

07/72–06/83 Juventus Turin

*28. 02. 1942
Größe: 182 cm
Gewicht: 78 Kg
112 Länderspiele für Italien

Jeder in der C-Jugend hatte einen Fußball. Nicht jeder hatte einen aus Leder. Manche hatten nur Gummibälle. Andere schlechte Lederimitate, die geübte Nasen nicht aufs Glatteis führen konnten. Denn echtes Leder riecht nun mal anders als ein Tango «Barcelona». Ich hatte einen «Modena», der von mir besser gepflegt wurde als meine Zähne. Dieser Einsatz lohnte sich, nicht zuletzt weil die Echtheit des runden Leders für mein hohes Ansehen in der Nachbarschaft verantwortlich war. Wir waren in unserem Stadtviertel zwischen acht und 15 Jungs, manchmal sogar mehr, die ihre Freundschaft gemeinsam auf dem Spielfeld hochleben ließen. Wir waren im «Wahnsinn des Wortes» fußballverrückt. Kein Nachmittag, ohne dass sich Stielike und Briegel die Beine polierten, Klaus Fischer zu seinen spektakulären Fallrück- bzw. Seitfallziehern ansetzte und Brian Laudrup seine Gegenspieler so «herschwanzte», dass sich mancher Verteidiger vor lauter Schwindelgefühl übergeben musste. Da gerieten sich auf dem Bolzplatz Maradona und Peter Shilton in die Haare, weil der Argentinier dem Engländer unbedingt weismachen wollte, dass «die Hand Gottes» im Spiel gewesen war.

Dr. Socrates stolzierte als Lichtgestalt über den

Platz und dirigierte Abwehr, Mittelfeld und Sturm so lautstark, als ob es einen Kaiser Beckenbauer nie gegeben hätte. Mensch gewordene Hubschrauber namens Hrubesch und Riedle segelten mit dem Kopf voran durch den Sechzehner. Bernd Schuster schwebte blond und engelsgleich über den Rasen, die Fäden einer ganzen Mannschaft in der Hand. Schlug wie an der Schnur gezogene, kilometerweite Pässe, derweil er mit schwäbischem Dialekt die Mitspieler beschimpfte. Selbst ernannte Vinnie Jones traten auf Zehen, bohrten Ellbogen in Rippengegenden, sensten Ball und Bein, zogen an Achselhaaren, zwickten in Brustwarzen ihrer Gegner oder setzten den EKG (Eierkontrollgriff), um danach mit ausgebreiteten Armen beim Schiedsrichter ihre Unschuld zu demonstrieren. Obwohl es nie einen Schiedsrichter gab. Einmal hatte sich ein Junge aus der ferneren Nachbarschaft angeboten, als Spielleiter zu fungieren. Er wurde mit «Schwächling, Säufer, Antichrist» und weiteren Bezeichnungen dieser Art in die Flucht geschlagen. Wir brauchten keinen Mann, der nach Regeln ein Spiel leitete. Wir hatten keine Regeln. Wir hatten Ehre! Das funktionierte. Wenn Förster Karl-Heinz einen brutal aus den Socken fegte, dann gab es eben Freistoß. Und wenn Förster Bernd ein Tor schoss, dann war es keins – denn niemand von uns war jemals Förster Bernd.

Da waren schon eher Spielertypen wie Platini gefragt, der in französischer Sprache (zumindest mit französischem Akzent) seinen eigenen Freistoß kommentierte – «Olympic le camembert voulez vou kosche avec moi champignon en Marseille dö litartar en Kreuzeck» –, um dann nach gezirkeltem und versenktem Kunststoß mit einem herzzerreißenden «Gooooooooooooal» und ausgestreckten Armen davonzurennen. Häufig kopiert war auch Hugo Sanchez. Seine Handstandüberschläge nach Torerfolgen sorgten ständig für Schmerzen im Rückenbereich beim Protagonisten selbst und für Gelächter bei den Umstehenden. Wir hatten Dreiergespanne wie die Italiener Rossi, Conti, Tardelli. Das Danish-Dynamite-Trio Preben Elkjaer Larsen, Jesper oder Morton Olsen (in Dänemark gab es Olsens wie Müllers und Meiers in Deutschland) und Sören Lerby. Wir waren Beckenbauer, Breitner, Müller aus dem eigenen Land. Wobei Müller als Dominator des gegnerischen Strafraums mit einfachen Mitteln Tor um Tor erzielte. Gesäß raus, Ball rein. Arme hoch, Hurra schreien. Wir hatten harte Hunde wie den schottischen Eisenkopf Colin Hendry, Terry «The Butcher» Butcher oder Brüder Leichtfüße wie Matthias Herget und Thomas Berthold. Wir waren Denker und Lenker in Form des Polen Lato, des jungen Belgiers Enzo Scifo, des Ostblock-Tricksers Alejnikov, und oftmals waren wir Diego «Was-andere-mit-dem-Ball-machen-mache-ich-mit-einer-Walnuss» Maradona. Zu dieser Kategorie zählte auch das uruguayische Chamäleon Enzo Francescoli, ein Spieler, der auf jeder Position zu Höchstform auflief. Er war in seiner Spielweise absolut flexibel – selbst als Torpfosten bemerkte man sein großes Talent.

An anderen Tagen riefen wir uns nur mit unseren Künstlernamen wie zum Beispiel:

Der Geier (Emilio Butragueño)
Der Terrier (Hans-Hubert Vogts)
Balou der Bär (Raimond Aumann)
Ente (Willi Lippens)
Die Kobra (Jürgen Wegmann)
Thiele-Blut (Bernd Thiele)
Der Metzger (Uwe Dittus)

Eisen-Dieter (Dieter Schlindwein)
Die Axt (Vinnie Jones)
Die Keule (Jan Ceulemans)
Der Bomber (Gerd Müller)
Die linke Klebe (Lothar Emmerich)
Der Kaiser (Franz Beckenbauer)
König Johann (Johan Cruyff)
Der Zar (Alexander Mostovoj)
Der Major (Ferenc Puskas)
Der Boss (Helmut Rahn)
Der große Däne (Peter Schmeichel)
Der Schöne (Hansi Müller)
Der blonde Engel (Bernd Schuster)
Der blonde Pfeil (Alfredo di Stefano)
Die schwarze Perle (Eusebio)
Der schwarze Panther (Lev Jaschin)
Die schwarze Tulpe (Ruud Gullit)
Der weiße Pele (Zico)
Die Nadel (Alessandro Altobelli)
Nene, das Baby (Teofilo Cubillas)
Das Lexikon (Nilton Santos)
Der Schnipsler (Wolfram Wuttke)
El Tren (Fernando Hierro, aber auch Adolfo Valencia)
Der Hurrikan (Jairzinho)
Das Lama (Frank Rijkaard)
Der Feuerwehrmann (Gunnar Nordahl)
Sir (Stanley Matthews)
Icke (Thomas Häßler)
Heulsuse (Andreas Möller)
Der Schlächter von Bilbao (Andoni Goikoetxea)
Die Katze von Anzing (Sepp Maier)
Die Bank von England (Gordon Banks)
Die Walz aus der Pfalz (Hans-Peter Briegel)

All diese Namen lernten wir im Laufe unserer jungen Sportlerkarriere von unseren Vorfahren, aus Fußballmagazinen, Radio- oder Sportsendungen kennen. Diese Fußballer waren keine kuriosen Freaks, sondern zum Teil Legenden. Männer, derentwegen Männer weinten. Götter der pneumatischen Kugel. Meister der Ballkunst per pedes. Überlieferer von athletischer, asketischer Ästhetik. Begeisternde Stars, technisch hochsensible Akteure, Dauerläufer oder Wadenbeißer. Große Persönlichkeiten, deren Aura stärker war als jene von wichtigen Staatsmännern, auch wenn der eine oder andere Kosename nicht darauf schließen ließ. Sie waren voller Eleganz oder Zerstörungskraft, voller Formvollendung oder Grobmotorik, voller Glanz oder Schmutz. Sie waren voller Sensation oder der Sensenmann persönlich. Und wir wollten alle so sein wie sie. Wir erprobten sogar heimlich ihre Verhaltensmuster, ihre Bewegungen und technischen Vorlieben, um am nächsten Tag am Bolzplatz den ausgewählten Profi genau kopieren zu können. Echte Schauspieler verdienen für die detailgenaue Darstellung einer bestimmten Persönlichkeit eine Menge Geld. Wir waren mit Anerkennung und Schulterklopfen zufrieden.

Schwierigkeiten gab es, wenn sich einer von uns für Littbarski oder den verblichenen Garrincha entschied. Denn diese beiden Fußballer waren sozusagen anatomische Sensationen. Quasi Beinexoten. Hätte man diese beiden Menschen irgendwo, vielleicht im Fußballmuseum, ausgestellt, hätte unter Litti die Erklärung *Genu varusvalgusvarusvalgus* gestanden. Auf Deutsch: Fuß O-X-O-X. Denn seine kurzen Beinchen beschrieben in den Oberschenkelpartien ein deutliches O, ehe sie sich in Knienähe zu einem X vereinten, um im Schienbeinbereich erneut zu einem O auseinander zu driften, damit sie im Fußbereich endlich wieder aufeinander stießen. Schlangenartiger Laufstil, könnte man auch sagen. Das war der Litti. Trotzdem war er einer der Besten, Flinksten, Agilsten, später Japanischsten, ganz später Australischsten.

Und Garrincha war tatsächlich aufgrund einer Kinderkrankheit anatomisch beeinträchtigt. Man hätte ihn als *Completus Laevus* – auf Deutsch: Vollständig Links – bezeichnen können. Denn bei Garrincha war auch der rechte Fuß ein linker, er hatte zwei komplett linke Beine und Füße. Das führte natürlich zu spielerischen Freiheiten. Denn bevor ein Gegner seine Frage «Du hör mal, wie kaufst du dir denn Schuhe?» beenden konnte, bejubelte Garrincha schon seinen zweiten Hattrick.

Unberechenbar, diese beiden Fußballer. Und äußerst schwer nachzustellen. Aber es gab ja tausend Möglichkeiten des reizenden Rollenspiels.

Die Entscheidung, wen wir nachahmen wollten, trafen wir immer spontan. Falls wir ein Spieler sein wollten, den man hasste, dann waren wir meistens Holländer, denn viele Fußballer in Orange waren äußerst unbeliebt. Diese Abneigung verstärkte sich, als Koeman sich nach dem Trikottausch mit Olaf Thons Textil provokativ den Hintern abwischte. Natürlich trug auch die Spuckattacke von Frank Rijkaard bei der WM in Italien dazu bei, dass man mittlerweile eher von Feindschaft als von Freundschaft spricht, wenn man das Verhältnis der beiden Länder analysieren will. Schließlich konnte es einem ja auch schon vor dieser unsportlichen Rotzerei – z.B. auf einem von internationalen Urlaubern besuchten Campingplatz – passieren, dass im Vorübergehen ein «Guten Tag, Herr Holländer» in ein zischendes «Rote Karte für Holländer!» transformiert wurde.

Bei einem Winterausflug mit meinem Fußballclub hätte es fast auf der Skipiste ein Skistock-Lanzen-Duell mit Jungs eines niederländischen Vereins gegeben, gegen welche wir am Vortag bei einem internationalen Hallenturnier in einer österreichischen Alpengemeinde auf ungerechte Art und Weise verloren hatten. Die Schmach noch vergrößernd, jubelten sie nach dem Sieg in ihrem bekannten Holland-Deutsch: Wir sind Frank Rijkaard! Wir ballten die Fäuste und weinten Tränen des Ärgers, bis uns unsere Trainer aus weiser Voraussicht in den Mannschaftsbus schoben, der die Turnhalle schnell verließ. Aber unsere Revanche sollte auf der Piste ihre Genugtuung finden. Auch hier trennten uns mitgereiste Eltern voneinander und bewahrten uns vor einer wahren Schneeschlacht. Wüste Beschimpfungen und Androhungen auf den Lippen. Holland und Deutschland – keine Freundschaft in Sicht.

Ich bin mir sicher, dieses Gefühl wird für immer auf Gegenseitigkeit beruhen: Entert ein angetrunkener Trupp Holländer die Après-Ski-Lokalität, ist Hüttenwechsel angesagt, sonst gibt es eine Spuckwettschlacht zwecks Rache für Tante Käthe! Ich werde mich auch nicht bemühen, das Vergangene zu vergessen und ein Gefühl des Verzeihens in mir aufwallen zu lassen. Eine Liebe wird das eh nie mehr. Apropos Liebe:

Wollte man geliebt werden, dann dribbelte man als Kalle-lieben-alle-Rummenigge mit aufrechtem Oberkörper flink durch die Reihen auf unserem Fußballplatz, hier und da den Satz auf den Lippen: «An Gott kommt keiner vorbei – außer Kalle Rummenigge.» Die Existenzfrage des großen Vaters war allgegenwärtig und immer ein heißer Diskussionspunkt. Aber auch, ob Jesus eher Libero oder Flügelläufer war.

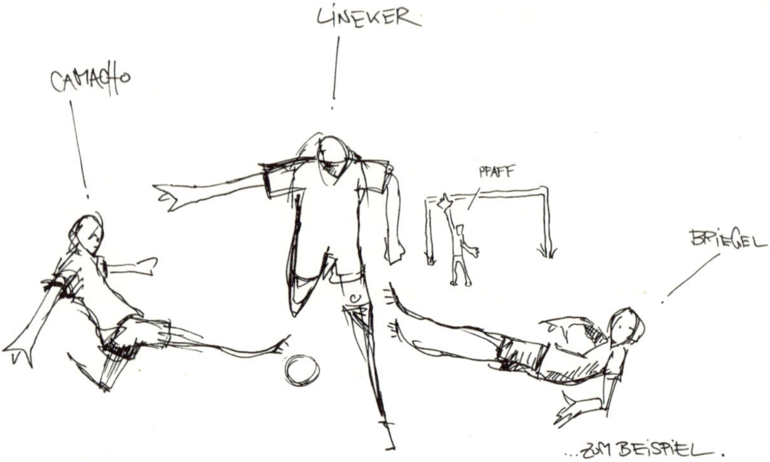

Wir wechselten die Spielernamen nach Belieben. Internationale Stars wichen den deutschen Fußballern, längst verstorbene Stürmer wurden von aufstrebenden Emporkömmlingen gestoppt. Diesbezüglich gab es mal eine dicke Keilerei zwischen dem vorher schon erwähnten Garrincha und Matthäus. Der verblichene Brasilianer wollte ein Tor erkannt haben, das Lothar nach eigener Meinung noch vor der Linie zu verhindern gewusst hatte. Ohne Schiedsrichter war nur wenig Aussicht auf eine Tatsachenentscheidung, und so mussten die beiden Streithähne die knifflige Situation selbst klären, denn außer den beiden konnte niemand die Szene beurteilen. Kein neutraler Beobachter, keine neutrale Einigung. Der Tote katapultierte also dem späteren Großmaul drei Salven mit der flachen Hand ins Genick, sodass der Südamerikaner kurz darauf von den Seinen als Torschütze gefeiert wurde. Und der Name Matthäus tauchte auf unserem Spielfeld nicht mehr auf. Erst elf Jahre später vernahm ich ihn wieder, als mich mein täglicher Heimweg von der Universität an unserem alten Bolzplatz vorbeiführte …

Wir nahmen nicht nur die Namen unserer Helden an, sondern schlüpften unbemerkt auch in deren Charaktere. Eine weitere verbale Auseinandersetzung zeigt dieses Phänomen beispielhaft.

«Hey, Schumacher! Bist du verrückt? Du kannst doch den Pele nicht so umwuchten. Außerhalb des Sechzehners!»

«Och, das war doch nix Schlimmes. Und außerdem mein erstes Foul.»

«Und was war 1982, als du Battiston bewusstlos getreten hast?»

Obacht! Wir wussten, dass hier in eine empfindliche Kerbe geschlagen wurde. Toni Schumacher wurde auf dieses Thema nicht gern angesprochen. Ein sehr dunkles Kapitel in seiner Laufbahn. 1982, Fußballweltmeisterschaft in Spanien, Halbfinale gegen Frankreich. Der französische Stürmer Battiston läuft auf unseren Toni zu. Toni merkt, dass die Konsequenz seiner Handlung entscheidend ist für sein Ansehen bei 60 Millionen Einwohnern seines Heimatlandes Deutschland. Mit der Vereitelung dieser Großchance würde er in die Annalen der Fußballgeschichte eingehen. Toni grübelt: Den Ball in dieser schnellen, unübersichtlichen Situation zu treffen wird schwer. Aber den Franzosen, den erwische ich leicht. Kurzerhand entscheidet sich Toni für einen Vollsprint in Richtung des ankommenden Stürmers. Wie ein fliegender Panzer rammt er, nach einem wohl getimten Absprung, seinen Körper gegen Battistons Kopf. Battiston bewusstlos und Muskeln verkrampfend am Boden, Toni achselzuckend am Sechzehner.

Das Foul an sich war brutal. Schumachers Reaktionen auf Interviewfragen waren voll daneben («Dann zahle ich ihm halt eine neue Jacketkrone»). Beim Empfang der deutschen Nationalmannschaft am Frankfurter Flughafen konnte er den stacheligen Journalisten, die natürlich bittere Kritik übten, nicht ausweichen. Er stammelte Uhs und Ähs in seinen Schnurrbart. Der kleine Litti stand daneben und zog die Augenbrauen so fest zusammen, dass sie senkrecht standen. Man sah dem flinken Dribbler förmlich an, was er dachte: Mensch Toni, sag doch einfach, dass du Scheiße gebaut hast und dass es dir Leid tut. Aber dem Toni tat nichts Leid, und er brabbelte sich von einer Misere in die nächste. Und deswegen funkte unser Imitator-Torhüter giftig los:

«Ach, der korrekte Klaus Fischer predigt Moral, wie? Dann lern du erst mal Sportlichkeit und Fairness, denn seit deinem Bundesligaskandal 1971 bei Schalke hast du schön etwas gutzumachen.»

Nun war es Klaus Fischer, dem die düsteren Stunden seiner Karriere vorgehalten wurden. Wie spitze Nadeln traf der Konter. Und der Mann der wunderbarsten Fallrückzieher antwortete verlegen:

«Ach Gott, das war damals viel Geld. Und wir konnten ja nicht anders.»

Solche Gespräche machten mir Angst.

Keine Angst machte uns das Wetter. Selbst bei Regen, Schnee und Hagel waren wir wild auf das Kicken. Es konnte Mistgabeln regnen oder riesengroße Eisbrocken hageln, es konnte wie aus Schneekanonen schneien oder ein Wirbelsturm der Stärke zwölf blasen: Wir waren draußen auf dem Platz! Höchstens ein Regenjäckchen drübergestülpt (allerdings eher ungern, da dann die Trikotrückennummer oder das Wappen auf der Brust nicht mehr zu sehen waren). Wir waren nicht aus Zucker, und «Marmeladbuben» waren wir schon gar nicht.

Bei heftigen Regenfällen waren unsere Schlammschlachten von übertriebener Härte geprägt. Dann wurde das Wort «Grätsche» in «Sichel» oder «Klinge» umgewandelt. Bei sehr feuchten Witterungsumständen war ein Schlitter-Tackling die beste Verteidigungsmaßnahme. Wir rutschten mit unseren Hosenböden wie auf Seife über den glitschigen, nassen Rasen. Es kam schon mal vor, dass einer von uns über die kleine Anhöhe am Ende des Bolzplatzes hinweg auf die Straße rutschte, falls er den Ball – oder den Gegner – verfehlt hatte. Da lag er dann mitten auf der Fahrbahn, und der Fahrer des Autos, das im letzten Moment vor ihm zum Stehen kam, guckte so verdutzt über das Armaturenbrett, als ob ein Mensch vom Himmel gefallen wäre. Der Mensch rappelte sich eilig auf, schrie «beim nächsten Mal rasier ich dich» in Richtung Sportplatz und klackerte – Stollengeräusch auf Asphalt! – zurück auf das Feld. An solchen Tagen waren wir zu Hause unwillkommene Dreckbären. Wir waren furchtbar verschlammt, verschmutzt, verratzt – wäre jeder von uns zu einer anderen Mutter heimgegangen, hätten sie es wohl erst bemerkt, nachdem sie uns unter die Dusche gestellt hatten.

Selbst eisige Zeiten konnten uns nicht vom Einnetzen abhalten. Wir waren in den Monaten des Frostes immer dick eingepackt. Sportanorak und Wollhandschuhe. Lange Schals wehten bei einem beherzten Sprint wie Luftschlangen, sodass man durch einen kräftigen Zug den Gegner am Torschuss hindern konnte. Die Mütze veränderte das gewohnte Geräusch eines Kopfballs auf blankem Schädel zu einem harmlosen

«Blob». Jeder Kälte zum Trotz kämpften wir in der Winterzeit um Tore. Schnee war eine willkommene Unterlage für Torhüterparaden und Fluggrätschen. Einmal fanden wir den Ball nicht mehr, der sich irgendwo im Schnee vergraben hatte.

Was unsere körperliche Präsenz auf dem Platz anging, waren wir wetterabhängig, was unsere gewählte Identität anging, waren wir es nicht. Im Winter taten sich nämlich vor allem die Spieler aus Südamerika sehr schwer, deshalb stieß man in der kalten Jahreszeit nicht eben häufig auf deren Namen. Logischerweise tanzten dann immer viele kälteresistente Russen auf dem Feld. Kosakenartiger Schneefußball.

Und wäre ein Meteorit oder gar ein Komet mitten auf unserem Bolzplatz gelandet, ich bin mir sicher, wir hätten ihn mit einem einfachen Bauerntrick links liegen lassen, hätten gar nicht auf das ungewohnte Hindernis geachtet. Warum? Weil es unsere verdammte Pflicht war.

Selbst wenn der heiße Planet die Luft um uns vibrieren ließ, waren wir nicht gewillt, ein angefangenes Spiel vorzeitig für beendet zu erklären. Und angefangen haben wir ja sowieso immer. Da konnte der Schweiß zwischen Hodensäckchen und Oberschenkelinnenseite schon dampfend kochen und die Zunge seit Stunden in Vollkontakt mit dem Gaumen stehen, wir erbrachten unbeirrt unsere Arbeit und Leistung. Über die oben erwähnte Straße vor dem Bolzplatz radelten Familien keuchend Richtung Freibad, um ihre erhitzten Körper im kühlen Nass verschwinden zu lassen. Wir dagegen riefen «Schönwetterschwimmer» und «Hitzegegner» in deren Richtung, um anschließend wieder tricksend durch den Irrgarten aus Gegner und stehender Luft zu dribbeln. Nicht selten führte die hohe Außentemperatur dazu, dass geregeltes Handeln ausgeschlossen und das Maß an Übersprunghandlungen erhöht wurde. Bernd Hölzenbein zum Beispiel war eines Nachmittags von einem solch ekelhaften Sonnenstich getroffen worden, dass er nach dem Fußballspiel in einer Bäckerei eine Packung Reißnägel bestellen wollte, am Bahnhof die ankommenden Reisenden eine halbe Stunde lang mit «Guten Tag, Sheriff, wie laufen die Geschäfte?» begrüßte, am Kiosk singend eine *Playboy*-Ausgabe zur Melodie von «No Woman, No Cry» bestellte und seine 84-jährige Nachbarin schließlich mit «Scharfe Biene, wenn ich noch einmal jung wäre» belästigte. Doch das waren unglückliche Nebenerscheinungen, welche billigend in Kauf genommen wurden. Denn schließlich stand über allem unser bedingungsloser Einsatz. Mit Akribie und Leidenschaft trotzten wir jeder Hyperthermie.

Wir spielten oft voller Obsession, wie in Trance bis tief in den Abend. Ein Endstand von 45:37 war für uns nicht unüblich, und nur der markerschütternde Schrei einer besorgten Mutter riss uns aus den Weltmeisterschaften, den Lokalderbys, den Uefa-Cup-Finalen, aus all den Schlachten, die wir schlugen. «Chriiiiistiiiiiaaan! Aaaaabendeeeeeeessen!» So oder so ähnlich klangen die Schlusspfiffe, die heiße Derbys und verbissene Zweikämpfe beendeten. Wir waren glücklich in unserem Tun. Wir waren trickreich und agil. Wir waren viele. Leute gingen am Feld vorüber und riefen: «Kuckt mal, Zauberer!» oder «Das ist Fuß-erzeugte Kunst!» Und manche schrien: «Es Hundsbuam es miserabligen! Habt's ihr letztens mei Hundshüttn in d' Luft g'sprengt?!!» Ja, wir hatten.

Es gab, was die Spielstärke anging, in unseren Reihen keinen Ausfall. Allerdings konnte sich jeder nur auf seiner Position als besonders talentiert bezeichnen. Wir hatten wendige Techniker mit Körpereinsatzschwächen, wir hatten bullige Vorstopper, die den Ball weiter stoppen als schießen konnten. Jedoch war an einem solchen Wadenbeißer schwer vorbeizukommen. Wir hatten pfeilschnelle Außenstürmer, die ihre Geschwindigkeit über die technischen Raffinessen stellten. Wir hatten alles, und alle hatten etwas. Es war grandios. Manni der Libero war ein Betrüger (und in unseren Augen eine klare Tunte). Wir waren der Maßstab!

Manni Kaltz, D

Banane gefällig? Kaltz zirkelte mit der Kirsche maßgenaue Flanken auf die hohlsten Birnen der Nationalmannschaft. In Parabelform. Der beste Plantagenarbeiter im Fußballmetier.
Erfolge als Nationalspieler bei großen internationalen Turnieren:

Weltmeisterschaft:

1982 mit Deutschland Platz 2

Europameisterschaft:

1976 mit Deutschland Platz 2,
1980 mit Deutschland Platz 1

Erster Verein:

07/71–06/89 Hamburger SV

Letzter Verein:

07/90–06/91 Hamburger SV

*06.01.1953
Größe: 184 cm
Gewicht: 78 kg
69 Länderspiele für Deutschland

Für schulische Hausaufgaben blieb wenig Zeit. Interesse wäre durchaus vorhanden gewesen, nur musste dieses dem unermüdlichen Ehrgeiz bei der leiblichen Ertüchtigung in Form von Außenristpässen und Steilgängen weichen. Die Sportnote war unser aller Aushängeschild. Wir kalkulierten unsere anderen Endnoten wie Bundesligavereine ihre Budgets oder Punkte, um die Liga zu erhalten. So setzten auch wir unseren Aufwand ökonomisch ein, um nicht abzusteigen beziehungsweise um die Klasse zu halten. Der stete Aufstieg war uns dadurch gewiss, auch wenn oft stundenlange Gespräche zwischen Lehrkraft und Elternteil nötig waren. Meistens musste sich mein Vater den Satz «Ihr Sohn ist ja nicht blöd, aber …» anhören. Es reichte letztendlich trotzdem ohne Extrarunden bis zum Abitur. Natürlich nicht, ohne einige besondere Tricks zur Vermehrung des Wissens anzuwenden. Gespickt wurde aber wirklich nur in Notfällen. Doch hätten wir die Zeit, die wir für das Erarbeiten eines Spickplans benötigten, in normales Lernen investiert, so hätten wir nicht mit dem schlechten Gewissen ob des Betruges zu kämpfen gehabt. Auf der anderen Seite: Hätten wir unsere originellen Spickmethoden in Buchform veröffentlicht, wären wir Autoren eines

Bestsellers geworden. Ein Beispiel aus unserem unendlichen Spickzettel-Kontingent wird hier jetzt nicht folgen, da ich dem Bestehen einer schriftlichen Prüfung durch unlautere Mittel abgeschworen habe. Nach Beendigung meines Studiums, versteht sich. Nur so viel: Fußbälle waren bei einigen Varianten gern genutzte Objekte – Datenträger, Ablenkungsmanöver, Beförderungsmittel …

Als Kind und Fußballfanatiker war mir der höchste Schulabschluss einerlei. Ich wollte nur nicht die Schmach der geistigen Niederlage im Kampf mit den schulischen Anforderungen auf mir sitzen lassen. Deswegen kritzelte ich die Hausaufgaben zwischen Mittagessen und Kicken oder Abendessen und Zubettgehen ins Heft. Dass ich dabei «Ein Colt für alle Fälle» verpasste, war egal. Schließlich hatte ich den Siegtreffer erzielt, vielmehr «banante» Manni Kaltz das Leder zum 18:17 in die Maschen. So etwas erfüllte mich mit Stolz. Scheiß auf Howie und Colt. Scheiß auf Mathe. Ich war Kevin «The Mighty Mouse» Keegan!

Auch am Vormittag in der Schule war an nichts anderes zu denken als an Fußball. Deshalb kam es zum Beispiel vor, dass einem vom Lehrer vorzeitig der Klausurbogen abgenommen wurde, mit der Begründung, man hätte gespickt. Jegliche Versuche, den Lehrer davon zu überzeugen, dass unter der Bank nur Panini-Bildchen getauscht wurden, erstickte dieser im Keim. Im Deutschunterricht entwickelten sich die kuriosesten Konversationen im Rahmen der leidigen Momente, die «Abfragen» genannt wurden.

Lehrer: «Und wer eroberte das Herz von Julia?»

Fußballinteressierter Schüler: «Romario.»

«Romario? Romario wer?»

«Romario. Nummer 11.»

«Und wie gelangte dann deiner Meinung nach dieser Romario zu Julia auf den Balkon?»

«Per doppeltem Übersteiger.»

«Und welch süße Worte flüsterte dein übersteigender Romario seiner Geliebten ins Ohr?»

«Tor!»

«Wie gefiel wohl Julia diese romantische Bemühung?»

«Da müssen Sie den Trainer fragen.»

Spätestens zu diesem Zeitpunkt erwachte man aus seinen Träumen, erschrocken und wirr brabbelnd, meist nur ein kurzes «Wo?» stammelnd. Die Klasse war eine einzige Fratze aus lachenden Schülern. Die Fratze der jugendlichen Grausamkeit. Angeführt vom Lehrer, der Oberschenkel klopfend seine ihm untergebene Meute zu höherer Lautstärke anpeitschte. Auf dem Weg zurück zur Bank schrie man noch wütend und mit Tränen in den Augen: «Walter Junghans ist schwul!»

Wir kreierten sogar ein Spiel, das man mit einem karierten Mathematikblock und zwei Stiften spielen konnte. Eine Mannschaft bestand aus einer Person. Also eins gegen eins. Das Spiel trug bei Insidern den Namen «New Kick On The Block» und war eine aktionsreiche Unterhaltung in Fußballmanier. Das Reglement ist einfach zu erklären: Wer gewann, war Sieger. Die Durchführung des Spiels zu erläutern würde hier den Rahmen sprengen. Es war ein heiß begehrter Mörder der Langeweile, und wir trugen richtige Meisterschaften aus. In brenzligen und spannenden Situationen wurde schon mal durch Überschreitung des Lautstärkepegels «Null» der Lehrer auf uns aufmerksam. Dann lag es an uns, durch schnelle Reaktion die gestellte Frage zu beantworten. So in dem Stil: «Ich konnte mit der Antwort einfach nicht hinterm

Berg halten. Und wahrscheinlich ist diese *Äquator.*»
Nur blöd, dass man sich nicht im Erdkundeunterricht, sondern in der Physikstunde befand.

Wenn gerade nicht abgefragt wurde, musste die Dringlichkeit der Beseitigung des Urins als Ausrede herhalten, um nicht bei dem geheimen Spiel erwischt zu werden. Wir hatten bei bevorstehenden Partien sogar unsere Fußballtrikots in der Schule an. Damit man die Mannschaften farblich auseinander halten konnte. Obwohl wir zu zweit spielten. Egal, man wollte eine gewisse Zugehörigkeit zeigen.

Manche Lehrer reagierten sehr einfühlsam auf unser geliebtes Hobby Fußball. Unser Geschichtslehrer zum Beispiel, ein älterer, schwerfälliger Herr, der aus seiner Gemütlichkeit keinen Hehl machte, war das Ebenbild von Russlands Kulttrainer Lobanowski, der «Frère Jacques» der professionellen Trainergilde.

Ebenso wie der Fußballlehrer bewegte sich der Geschichtspädagoge auf seinem Stuhl hinter dem Pult so selten, dass wir oftmals schon einen Schüler losschickten, der den Tod des Lehrers im Direktorat melden sollte.

Kurz vor dem Eintreffen der Sanitäter gab er dann von sich:

«Und? Wo waren wir?» Die ganze Klasse erschrak natürlich, da wir uns seines Ablebens sicher gewesen waren.

Dieser Lehrer verstand übrigens recht viel von Fußball – wenn er sich denn zu äußern geruhte.

«Fritz und Ottmar, das waren welche! Nicht so ‹Biesler› wie Hintz und Kuntz und Kutzop, oder wie die alle heißen.»

Leises Gelächter jenseits des Lehrerpults.

Mit Fritz und Ottmar waren die pfälzischen Brüder Walter gemeint, die einen erheblichen Anteil an der Verwirklichung des Wunders von Bern 1954 gehabt hatten. Wir forderten den Geschichtslehrer auf, er solle doch mehr aus dieser Zeit des Fußballs erzählen, die für uns so weit entfernt lag, historisch jedoch von enormer Wichtigkeit und Brisanz war. Darauf folgte dann meistens wieder Stille bis zum Gong, der die Stunde beendete. Die Hausaufgabe lautete in der Regel:

«Lernen.»

Seinen Unterricht gestalteten wir selbst und lasen 45 Minuten lang laut die Kapitel vor, die er uns vorgab. Er war ein herzensguter Mensch, und wir mochten ihn sehr.

Mit ihm sowie mit einigen anderen Lehrkräften pflegten wir ein gewisses Einvernehmen. Diese sensiblen Menschen verteilten Verwarnungen, wenn man schwätzte. Gelbe Karten bedeuteten unwiderrufliche Strafen wie Extraaufgaben oder neben einem Mädchen sitzen. Eine gelbe Karte war in späteren Jahren somit eine erstrebenswerte Art der Bestrafung, da man sich die Nähe zur bildhübschen Klassenprinzessin erhoffte. Anfangs ging der Plan sogar auf. Als die Lehrer jedoch kapierten, dass Ruhestörung Flirtgenuss bedeutete, wurde man meist neben einer rübenartigen Kratzbürste platziert. Aus die Maus, wobei in diesem Fall von Maus nicht die Rede sein konnte.

Rote Karten standen für Verweise. Allerdings bekam nur einmal ein Schüler den roten Karton, da er – ebenfalls in späteren Jahren – den Englischlehrer als Andi Möller bezeichnete. Der Rest der Verweise war von nicht fußballinteressierten Lehrkräften ausgeschrieben worden. Man erhielt sie für folgende Vergehen:

Aus dem Fenster spucken
Im Skilager in den Mädchenzimmern rumknutschen
Unerlaubtes Glücksspiel während des Unterrichts
Handgreiflichkeiten gegen den Banknachbarn
Arbeitsverweigerung beim Tafelwischen
Rektorverleumdung
Wiederholte knüppelharte Beleidigung
Verunreinigung (Urin) der Ledersitze des Cabrios unseres Chemielehrers
Unentschuldigtes Fernbleiben vom Unterricht
Ruhestörung durch Jubel nach Austeilung der Klausuren (dies nur wegen der Note 4 statt der erwarteten 6)
Schießen des Tafelschwamms

Manche Elternteile unterschrieben diese «Vorbestrafungen» ihrer Kinder mit «Hahaha», da ihnen die Begründung schlicht lächerlich vorkam. Als man in der

Oberstufe das Erwachsenenalter erreicht hatte, war es möglich, die Verweise eigenhändig unterschrieben zurückzugeben. Ebenso konnte man Entschuldigungen selbst ausstellen, um nun legal dem Unterricht fern zu bleiben. Begründungen hierfür:

Erhebliches Unwohlsein aufgrund Überkonsums
Steifheit
Starker Drang nach Verlängerung der Schlafenszeit
Zeitweiliger Verlust des Augenlichts
Arge Beeinträchtigung der oberen Extremitäten, in erster Linie der Schreibhand
Bockarmut
Krankheit nach Einnahme unreiner Brennsuppe
Zeitmangel wegen Lernstress
Fehlender Killerinstinkt
Schmerzen in der Seele
Unklarheit in Bezug auf die Lektüre des Stundenplans
Hohes Verlangen nach Auszeit

Diese offiziell erlaubte, aber logischerweise vom Direktorat ungern gesehene Freizeitbeschaffungsmaßnahme zur Schulzeit war uns erst später möglich. Als junge Schüler waren wir nicht so sehr darauf erpicht, dem Unterricht fern zu bleiben. Immerhin waren dort essenzielle Aktivitäten zu vollziehen: in erster Linie der Austausch von Sammelbildchen, aber auch hitzige Diskussionen über diverse Fußballspiele des vergangenen und des kommenden Wochenendes. Und sowieso: Als lerneifrige Kids wollten wir keine Minute beziehungsweise keine Zeile des Lernstoffs verpassen. Wir wollten einfach sehr viel lernen.

Terry Butcher, ENG

Wurde auch «The Butcher» genannt. Nicht zur wegen seines Nachnamens. Ging stets dorthin, wo's weh tat.
Dieter Hoeneß wirkte im Vergleich dazu mit seinem Turban gegen Nürnberg wie eine Krankenschwester. Terry hingegen wie einer, der mit dem Kopf durch die Wand marschierte.
Mein Schlagzeugspiel soll seiner Durchschlagskraft gleichen.
Erfolge als Nationalspieler bei großen internationalen Turnieren:

Weltmeisterschaft:
1990 mit England Platz 4

Erster Verein:
07/78–06/86 Ipswich Town

Letzter Verein:
07/92–06/93 Sunderland AFC

*28.12.1958
Größe: 192 cm
Gewicht: 84 kg
77 Länderspiele für England

Am Wochenende waren der Großteil meines Freundeskreises und ich entweder selbst aktiv im Einsatz (Fußball-Jugendteams), oder wir verfolgten die Heimspiele unserer ersten Herrenmannschaft, die immer von enormer Brisanz geprägt waren. Es gab eine Zeit, in der der Ruf unseres Clubs weit reichend und Furcht einflößend war – aus diversen Gründen, von denen die meisten hässlich waren. Aber hilfreich. Denn kein Gegner kam gern zu uns, um ein einfaches Punktspiel zu bestreiten, das zu 104 Prozent in eine Schlacht ausartete, falls die Gastmannschaft sich erdreistete, alle drei Punkte für sich zu beanspruchen. Andere Mannschaften zollten ihren Ehrfurcht und Respekt, indem ihre Spieler zu Hydranten erstarrten, sobald ein Spieler unserer Mannschaft in ihre Nähe kam. Die cleveren gegnerischen Fußballer täuschten durch Pseudogrätschen und Alibizweikämpfe vollen Einsatz vor. Sie entgingen dadurch den Vorwürfen der Arbeitsverweigerung durch die eigenen mitgereisten Fans. Die Trainer der gegnerischen Mannschaften aber verzweifelten und gingen mit ihren Spielern hart ins Gericht. Jedoch waren diese internen Auseinandersetzungen für den Fußballer bei weitem akzeptabler, als Gegenwehr im sportlichen Wettkampf zu zeigen und sich schmerzliche Verletzungen zuzuziehen.

Angeblich moderte zu jener Zeit die Schiedsrichterkabine seit Jahren wegen Nichtbenutzung vor sich hin. Schiedsrichter kamen in voller Montur ins Stadion und ließen den Motor ihres geparkten Autos laufen. Ihre Aufenthaltszeit betrug 90 Minuten plus Nachspielzeit (je nach Spielstand) plus den Weg vom Auto auf den Rasen und zurück. Manche Schiedsrichter boykottierten unser Stadion sogar. Erst nachdem der Ligaausschuss beschlossen hatte, eine Gefahrenprämie für das Leiten der Spiele unserer Seniorenmannschaft auszuschreiben, erklärten sich einige Todesmutige bereit, den Knochenjob zu übernehmen. Dabei zeugte die Frage der brüllenden Meute: «Schiedsrichter, sind deine Eltern Brüder?» fast schon von wohlwollendem Interesse. «Du schwarze Sau» war ein Kompliment und das Schmeißen von Feuerzeugen wie ein warmer Sommerregen, wenn man bedenkt, dass auch der Hagel von Bierflaschen und ab und zu einem Schweinekopf durchaus normal war.

Als sich der Verein durch sportliche Erfolge und dann durch einen zahlungskräftigen Sponsor in die höheren Ligen begab, wurde auch der Umgang mit den Gegnern, Spielern und Fans fairer. Zumindest war jetzt ein Fußballspiel als solches durchführbar – mit der gegnerischen Mannschaft, den Zuschauern und einem Schiedsrichtergespann. Hier und da konnten die Fans mittlerweile sogar technisch sauber vorgetragene Spielzüge bestaunen.

Unser Stadion fasste 18000 Zuschauer (wenn man es bis unters Tribünendach voll packte und in der Stehkurve manche Zuschauer auf den Schultern anderer saßen), was in Anbetracht der Drittklassigkeit nicht schlecht war. Von außen konnte man vermuten, unser Stadion sei eher ein kleines Schmuckkästchen. Da es grubenartig in die Erde eingelassen war, deuteten nur vier halbgewaltige Lichtmasten und ein architektonisch fragwürdiger Betonquader auf eine sportliche Kampfbahn hin. Wenn man allerdings die Eingangstore durchschritt, war der Anblick der voll besetzten Ränge wahrlich von guten Eltern. Apropos Kampfbahn: Über die Namen anderer Stadien lachten unsere Fans – Kampfbahn, Betzen- oder Bökelberg, Tivoli, Olympiastadion, Wildpark, Grotenburg etc. Unsere Fußballstätte trug den gefürchteten und abschreckenden Namen: «Tor zur Hölle». Natürlich inoffiziell, aber dennoch überregional bekannt.

Die Westkurve war die Heimat unserer Fans. Da tummelten sich diverse Arten von Menschen und brüllten sich dort die Seele aus dem Leib. Kuttenträger aller Kategorien, einfache Trikotfans, Fahnenschwenker, Familien in farbiger Eintracht, nackte Oberkörper, Schreihälse, Irre, die mit ihren eintönigen «Trainer-raus»-Rufen die ganze Kurve narrisch machten (obwohl sie ja sportlich gesehen Recht hatten), und weitere Fans ergaben die grün-schwarze Wand hinter dem westlichen Gehäuse. Die Gruppierungen – Kutten zu Kutten, Familien zu Familien, Schimpfer zu Schimpfern, alte zittrige Männer zu jungen hübschen Damen – waren geographisch gefestigt. Ganz oben unter der Anzeigetafel standen die wildesten, härtesten, brutalsten Anhänger unseres Vereins. Zumindest schrieben sie sich selbst diese Attribute zu. Es handelte sich um eine Gruppe von etwa 40 jugendlichen Durchgeknallten. Mitten unter ihnen: mein Bruder.

Nicht, dass ich meinen Bruder nicht mochte. Ich

würde ihn auch niemals als durchgeknallt bezeichnen. Ich liebe ihn sogar sehr. Er war auch nicht grob, unfair oder gewaltsam mir gegenüber. Er war gut zu mir. Er war mein Bruder. Und ich war stolz darauf.

Seine Freunde und ihn bezeichneten wir oftmals als Pseudo-Fans, denn diese Jungs waren nicht sonderlich an den sportlichen Aktivitäten auf dem Rasen interessiert. Sie trugen stattdessen ihre eigenen Wettkämpfe aus. Sehr wohl bei Fußballspielen. Allerdings auf den Rängen. Das Kräftemessen war meist verbaler Art, auch wenn die Kraft der Ausdrücke allein ausgereicht hätte, um einen Wohnzimmerschrank vom Keller in den vierten Stock zu befördern. Sie sprachen von sich selbst als Streitmacht, als die kämpfenden Unterstützer des Vereins. Es fließe grün-schwarzes Blut in ihren Adern, meinten sie. Ich war mir sehr früh sicher, dass das gelogen war. Mein Bruder hatte sich beim Ausschneiden eines Zeitungsartikels in den Finger geschnitten. Da konnte ich als Fünfjähriger erkennen, dass sein Blut keine Spur von Grün in sich trug. Es war rot. Kurz kam der Verdacht in mir auf, dass er vielleicht doch Bayernfan war. Dieser Gedanke verflog aber schnell wieder.

Das Hobby meines Bruders, das er ebenso fanatisch verfolgte wie ich meines, konnte man durchaus als leichten Hooliganismus bezeichnen. Seine Gruppe ließ sich gewiss nicht mit den harten und skrupellosen Schlägern aus England und Holland vergleichen. Aber es wurde oft ein «ehrlicher Faustkampf» gesucht, um den Ehrenkodex zu wahren. Ich kann mich nicht erinnern, dass jemals Unbeteiligte zu Schaden kamen. Allerdings war ich natürlich nie bei einer der Auseinandersetzungen dabei. Dennoch fragte ich meinen Bruder immer wieder: «Wieso schlägst du dich?», um stets dieselbe Antwort zu bekommen: «Wieso spielst du Fußball?»

Da saß ich nun und wusste nichts dagegen einzuwenden. Es war für ihn ein Faible – ein stinknormales Faible. Er Straßenkampf, ich Zweikampf. Er Hakenschlag, ich Hackentrick. Er Kopfstoß, ich Kopfball.

LUFTKAMPF

STRASSENKAMPF

Mein Bruder war keiner bestimmten politischen Gesinnung treu. Ich wusste nicht einmal, ob er sich überhaupt für Politik interessierte. Es waren auch keine «Glatzen» unter seinen Freunden. Ich konnte zudem kein offizielles Merkmal irgendeiner Kriminalität bei ihnen erkennen (fiese Visage, Daueraggressivität, offen zur Schau gestellter Waffenbesitz, öffentliche Bedrohung von Kindern, Hehlerei, Tierquälerei, Betrug und dabei Androhung von Gewalt und solche Sachen halt).

Nur dass ihr Hobby darin bestand, das Team lautstark zu unterstützen und hier und da den Infight zu absolvieren. Aber mit folgender Regel: Gleichgesinnte schlugen sich mit gegenseitiger Zustimmung untereinander. Frei nach dem Bauchladenverkaufsmotto:

«Klatsche, Watschen, auf die Fresse! Wer will ordentliche Backpfeifen? Hier frisch serviert!»

«O ja, bitte einen ordentlichen Handkantenschlag. Aber ins Gesicht.»

«Kein Problem, bitte sehr.» Und Zack!!!!

Der gemeinsame Feind war die Polizei. Aber auch diese Auseinandersetzungen forderten keine Opfer und sorgten nicht für strafrechtliche Verfolgungen. Es war eine Art Hooliganismus mit Handbremse.

Da ich ihr Begehr nicht verstand, waren mir die Freunde meines Bruders suspekt. In meinen Augen waren es Idioten. Hirnlose, leere Idioten.

Mein Bruder war die Ausnahme, denn ich war mir sicher: Er konnte nichts dafür, dass man ihn zu solchen Streitereien drängte. Es wäre enorm schwer für ihn gewesen, sich der Gruppendynamik zu entziehen. Ohne eigenes Zutun gefangen in der Kralle der Übermacht seiner Freunde. Man stelle sich vor, ich hätte auf meine täglichen Flankenläufe, Volleyschüsse und

Jubelarien verzichten sollen! Unvorstellbar. Andererseits: Der Vergleich hinkt wie Ewald Lienen nach Siegmanns Schlitzer-Foul.

Ich konnte mit seinem Hobby leben. Seltsamerweise waren auch unsere Eltern nicht in dem Maße schockiert, wie man es sich eigentlich vorgestellt hätte. Da mein Bruder in der Schule akzeptable Noten hatte und seine Versetzung nie gefährdet war, machten sie sich keine großen Sorgen um sein soziales Umfeld. Sehr wohl wussten sie, dass er zu vielen Auswärtsspielen unseres Vereins fuhr. Aber dass er auf der Suche nach der Sensation öfter mal Bud Spencer spielte, war ihnen nicht wirklich klar. Seine Blessuren erklärte er ehrlicherweise als Folgen von Schlägereien, die unumgänglich gewesen waren. Papa fand die wehrhafte Haltung seines Sohnes anfangs gut. Mama war ob dieser Vorkommnisse schon eher besorgt.

Vielleicht hätte mein Bruder seine überschüssige Energie besser bei einer aufreibenden Sportart eingesetzt. Aber als aktiver Fußballer zum Beispiel taugte er nicht viel. Seine Bemühungen, dem Vereinssport Fußball etwas Positives abzugewinnen, dauerten nur ein Jahr lang. Seine Fähigkeiten waren, ebenso wie seine Fertigkeiten, nicht in dem Maße ausgeprägt, um als Feldspieler zur Geltung zu kommen. Er war der Typ «Den-wähl-ich-bei-Tip-Top-als-Vorvorletzten», also nicht blind, aber auch nicht mit jenem Auge ausgestattet, das die Situation für den tödlichen Pass erkannt hätte. Er tat alles, was der Trainer ihm sagte. Nur konnte er bei der Umsetzung dessen, was der Trainer ihm sagte, nicht überzeugen. Natürlich wollte er jedoch durch dümmliches Hinterfragen der Traineranweisungen nicht riskieren, aus der Startelf zu fliegen. Deshalb grübelte er oftmals ein ganzes Spiel lang, was der Trainer ihm hatte mitteilen wollen.

Trainer: «Sieg oder Blut an die Latte!»

Mein Bruder meinte, es könnte bedeuten: Wenn wir nicht gewinnen, klebt Blut am ersteiften Penis. Aber warum?

Ich wusste, es hieß: Für den Sieg gehen wir dorthin, wo's wehtut.

Trainer: «Die Heide muss brennen!»

Mein Bruder meinte: Die Dame namens Heide sollte umgehend angezündet werden.

Ich wusste: Das Spielfeld wird so beackert, dass kein Gras mehr wächst.

Trainer: «Mach dich wichtig, Fuß vor, anstehen bei den Leuten!»

Mein Bruder meinte: Zeige dich, stelle das Bein nach vorn, integriere dich hinter dem letzten Glied in der Schlange. Aber warum?

Ich wusste: Forechecking und Pressing im Defensivverhalten.

Trainer: «Du musst am Mann explodieren!»

Mein Bruder meinte: Man soll bei einem maskulinen Menschen, der sehr nahe bei einem steht, in die Luft fliegen. Aber warum?

Ich wusste: den Gegner zerfleischen.

(Ich möchte kurz klarstellen: Mein Bruder war sicherlich nicht dumm, er konnte sich diesem Fachgebiet nur nicht annähern. Er hatte zu wenig Interesse und somit eine zu geringe Auffassungsgabe, um als aktiver Fußballer zu bestehen. Er aktivierte später lieber den Mob, mit dem er zum Zerfleischen anderer losmarschierte und an feindlichen Hooligans explodierte.)

Am Ende seiner kurzen Laufbahn als Vereinssportler sollte mein Bruder zum Torhüter umfunktioniert werden. Auch in dieser Position vom Erfolg eher missachtet, hängte er nach 13 Monaten seine Fußballschuhe, die er als Ersatztorhüter trug, an den sprichwörtlichen Nagel, der hinter seiner Zimmertür angebracht war. Sein häufigster Satz zu seinen Mitspielern war damals: «Den Schuh zieh ich mir nicht an, das Ding nehme ich nicht auf meine Kappe, damit habe ich nichts am Hut, aber na schön, wenn ihr alle meint, dann schreibe ich mir das Tor eben auf die Fahne, aber beschwert euch nicht, wenn es wieder Kritik hagelt, denn ihr habt mich schließlich im Regen stehen lassen.»

Die Antwort lautete meistens: «Mann, du bist Torwart! Nimm das Ding doch einfach in die Hand.»

Mein Trainer, der zuvor auch meinen Bruder trainierte, hatte bei mangelnder Ausdauer oder fehlerhafter Ballannahme meinerseits folgenden Satz für mich parat: «Wie ein Weib. Oder wie dein Bruder damals.» Obwohl ich, Bescheidenheit beiseite, das Aushängeschild meines Jahrgangs war. Und obwohl mein Bruder nicht unsportlich war. Er ging regelmäßig zum Joggen und Schwimmen. Diese Form von körperlicher Betätigung reichte aber nicht aus, um seine Fäuste in der Hose stecken zu lassen, wenn gegnerische Hools mit einem «ihr stinkenden Verlierer» oder ähnlichen Beleidigungen um die Ecke kamen. Deshalb übte sich mein Bruder – unter dem Deckmantel «Fanunterstützung» – sozusagen in seiner eigenen Kampfsportart. Eine eher risikofreudige Sportart, die sich bei Niederlagen als sehr schmerzhaft erwies.

Es war nun aber wirklich nicht so, dass er regelmäßig mit offener Lippe, Blumenkohl-Ohren und dunkelblauen Augenringen heimkam. Meistens blieb es bei wilden Drohgebärden und zutiefst beleidigenden

Fangesängen. Ich fragte meinen Bruder einmal, was denn im Fußballstadion die schlimmste Beleidigung sei. Er antwortete nur: «Hoeneß.» Ich entgegnete enttäuscht: «Ja, aber das ist doch nicht so wild.» Ich kramte in der Kopfkiste mit den Schimpfwörtern. «Was ist denn mit Hurenministrant oder rotzende Hackfresse?», sagte ich schließlich und glaubte, zwei ordentliche

Hämmer geliefert zu haben. Doch mein Bruder wiederholte: «Hoeneß ist das Schlimmste.» Ich konnte dem nicht folgen. Die Hoeneße gehörten beide nicht zu den Spielern, die man auf dem Fußballplatz sein wollte, aber was so schlimm daran war, ein Hoeneß zu sein, wollte mir nicht einleuchten. Einer hatte es sogar zum erfolgreichen Manager gebracht.

Vinnie Jones, WAL

Vinnie the Villain ist Rekordhalter im Erlangen der schnellsten gelben Karte (nach 5 Sekunden), sah in seiner Karriere 13 rote Karten und veröffentlichte ein Video mit seinen hässlichsten Fouls. Unsportlich hin oder her – ich finde folgende Aussage stimmig:
«Du kannst – wenn keiner hinguckt – auch mal deinem Mann mit den Fingern kurz in die Augen stechen ...» Vinnie Jones
Erfolge als Nationalspieler bei großen internationalen Turnieren: ./.

Erster Verein:
Wimbledon FC 11/86

Letzter Verein:
Queens Park Rangers 03/98

*05.01.1965
Größe: 188 cm
Gewicht: 82 Kg
9 Länderspiele für Wales

Meine Kumpels und ich standen in unserem Stadion bei den Spielen der ersten Mannschaft immer in der Gegengerade unten am Zaun. Meistens in der Mitte, da wir von dort aus die beste Übersicht hatten und trotzdem nahe am Geschehen waren. Wir konnten natürlich auch sehr gut die Gang meines Bruders sehen. Von Zeit zu Zeit hoben einige Leute in der Westkurve Transparente oder Plakate hoch. Auf denen standen meistens Liebesbekundungen für einen unserer wenigen Möchtegern-Stars. Oder aber Tipps an den Vorstand, wie man in der Trainerfrage vorzugehen hatte. Teilweise waren auch inhaltslose und sinnfreie Zeilen zu lesen wie «Der Fan ist das höchste Gut des Profis. Wieso schläft der Baum im Wald?» oder «Heute Klatsch, morgen Tratsch». Einmal beschwerte sich ein offenbar wütender Fan über mehrere Wochen mit einem Transparent, auf dem «Scheiß Betzenberg» stand. Dabei spielte unsere Mannschaft nie auf demselben, geschweige denn gegen Kaiserslautern.

In der Clique meines Bruders erschien nie so ein Plakat. Die Jungs machten extreme Stimmung für die eigene Mannschaft, öfter allerdings gegen die gegnerische Elf. Komischerweise wussten sie auch immer, wo der Schiri sein Auto abgestellt hatte. Oder dass ihn seine Ehefrau offensichtlich mit einem gewissen Herrn Derwall betrüge. Interessant war auf alle Fälle die Tatsache, dass die Kameraden offenbar Zugang zu normalerweise nicht offiziellen Informationen über Schiedsrichter und Fußballer besaßen. Ich fragte mich immer wieder, welcher Mann sich die Mühe machte, derartige Nachforschungen anzustellen, nur um dann am nächsten Spieltag seine geheimen Kenntnisse wieder lauthals loszuwerden.

Wir überblickten von unserer Position aus auch sehr gut die Haupttribüne und die Kurve der gegnerischen Fans. Unser Stadion war, wie schon erwähnt, als heißes Pflaster bekannt, und somit trauten sich nicht wirklich viele auswärtige Zuseher zu uns. Redeten wir uns ein.

Das Stadion war ein Fußballstadion, das den Namen auch wirklich verdient hatte. Hier trennte keine zwei Kilometer breite Laufbahn den Zuschauer vom sportlichen Geschehen, das man in großen Arenen (z.B. Olympiastadien) aufgrund der Entfernung durchaus mit Curling oder Pfeilbogenschießen verwechseln konnte. Bei uns war es möglich, beim Eckball den Spieler in den Hintern zu zwicken. Hier führte der Schiedsrichter die Pfeife sofort zum Mund, wenn man «Hand» brüllte. Der Pfiff blieb meistens trotzdem aus. Aber immerhin: Interaktivität! Hier war man mittendrin UND voll dabei!

Es kam oftmals vor, dass sich in unserer Arena ein ohrenbetäubendes Stimmengewitter entwickelte – falls sich die mitgereisten Fans mutig gegen die grün-schwarze Wand unserer Westkurve lehnten. Wenn also ein verbal frecher und lautstarker Mob den Gegner unterstützte, gab es hüben wie drüben kein Halten mehr. Dagegen kamen einem die Fangesänge einiger

Bundesligavereine wie zittrige Frauenchöre vor. Bei uns war extralaut. Danke. Bitte!!!

Apropos: Unser Stadionsprecher war nicht der eloquenteste. Er sprühte jedoch vor Begeisterung und Leidenschaft für unsere Mannschaft. Sein Mikrophon brannte, ebenso die Lautsprecher, wenn er seine hypereuphorischen Ansagen abfeuerte. Eine sprechende Tabascoflasche. Selbst bei hochlangweiligen Partien sorgte er für Spannung. Man konnte meinen, unter seinem Tischchen in der Sprecherkabine säßen junge Damen. Die schmatzenden, klatschenden, raschelnden und wirr gestöhnten Geräusche, bevor er seine Stimme über die Lautsprecher katapultierte, waren sehr verdächtig …

Andererseits garantierten seine Schreie Gänsehaut pur. Hitchcock wäre blass vor Neid geworden. Wie gesagt, er fungierte als Stadionsprecher, nicht als Radiokommentator. Er vollführte vor seinem Eintritt in die Sprecherkabine üblicherweise einige altertümliche Dehnübungen, um sich so bestmöglich auf einen actionreichen Fußballnachmittag vorzubereiten. Der Mann war ursprünglich der Platzwart des Stadions gewesen. Ein dummer Unfall, der dem übermäßigen Konsum von Alkohol zuzuschreiben war, beendete seine Laufbahn als Rasenmähermann und Linienzieher. Und das kam so:

Eines Abends erklärte er seine Arbeit für beendet, kippte sich in der Stadionkneipe eine Batterie Biere in den Körper und verließ das Lokal, auf Politiker und Hundebesitzer schimpfend, gegen Mitternacht. Dummerweise verließ ihn auch sein Gleichgewichtssinn gerade in dem Moment, als er auf seinem Fahrrad eine Baugrube passieren wollte. Passiert ist tatsächlich etwas. Er stürzte nämlich kopfüber in das Loch. Dabei zog er sich eine komplizierte Augenverletzung zu. Sein linkes Auge musste durch Glas ersetzt werden. Und sein rechtes Bein lahmte seitdem. Nach dreimonatiger Zwangspause versuchte er wieder seinem Beruf nachzugehen. Allerdings waren die Linien auf dem Feld durch sein Handicap alles andere als gerade, und so weigerten sich die Schiedsrichter schlicht und einfach, das Spiel anzupfeifen. Begründung: Der Elfmeterpunkt lag außerhalb des Sechzehners, und eine schlangenförmige Außenlinie verlief nur 23 Zentimeter von der Auswechselbank entfernt. Somit waren seine Tage als Platzwart gezählt. Doch aufgrund seines ehrenamtlichen und unermüdlichen Einsatzes für den Verein wurde damals die Funktion des Stadionsprechers extra für ihn neu geschaffen. Seit nunmehr vielen oder sogar noch mehr Jahren ist unser Stadionsprecher ein Teil des sensationellen Stadionbesuchs. Sein Motto: Lieber ein Glasauge und einen Holzfuß als ein Holzauge und einen Glasfuß. Sein Wahlspruch: Behandle den Gegner respektvoll und fair – solange du in Führung liegst. Sein größtes Missgeschick: Er erwähnte einmal, vor lauter Begeisterung über ein Tor unseres Mittelfeldmotors, dass dieser kraftvolle und ästhetische Alleingang wohl nicht ohne Kokainkonsum, der intern jedem bekannt war, möglich gewesen wäre. Dieser verbale Ausrutscher brachte ihm tosenden Beifall von 12 433 Zuschauern ein. Nur der Torschütze ließ sich sogleich wegen einer Verletzung auswechseln. Offenbar eine Nasennebenhöhlenentzündung.

Eines schönen Spieltages wollte ein gegnerischer Betreuer unserem Sprecher die richtige Aussprache des Namens einer seiner Schützlinge vermitteln. Nach zweimaliger fehlerhafter Namensnennung (aufgrund doppelten Torerfolges) trat der fremde Betreuer dazu unerlaubterweise in das Sprecherhäuschen. Überhaupt nicht erfreut ob des unerwünschten Besuches, ob des Rückstandes seiner Mannschaft und ob der Dreistigkeit des Mannes, ihm die Handhabung seines Jobs zu erklären, brüllte der Stadionsprecher diesen an:

«Ich spann dir meinen Regenschirm im Arsch auf, wenn du nicht augenblicklich verschwindest! Gegner!»

Das Missgeschick: Mikrophon auf ON! Somit konnten diesen Ausraster wiederum alle anwesenden Fußballanhänger live miterleben. Köstlich. Sofort Bombenstimmung im Laden.

Er war das Enfant terrible des Clubs. Er war der Didi Hallervorden des Vereins. Er wurde unsterblich!

Mein Bruder nahm mich nie mit zu seinem Platz. Er meinte, es seien zu viele gefährliche Typen dort. Es war ein Ort des Verderbens und des Lasters. Ein Ort für echte Männer, wenngleich offensichtlich auch junge Männer zugegen waren. Ich nahm es ihm nicht übel, denn mein Begehr, ein Spiel von dort oben zu verfolgen, richtete sich auf einer Skala von eins bis zwölf gegen zwei. Ich hielt meinen Freunden die Treue, obwohl alle meinen Bruder bewunderten und nicht verstanden, wieso ich nicht mit ihm bei dem gefährlichen Mob stehen wollte. Doch wir hatten es bei uns recht gemütlich, schlürften Sinalco mit viel zu dünnen Strohhalmen und schrien ab und an Halbbeleidigungen auf das Spielfeld. «Heee Siebener, nimm doch das Bügeleisen aus den Schuhen, du Hydrant!» Oder: «Schiri, wie wäre es mit einer Brille, du Blindfuchs! Hinterhältiger Busenschuft!» Busenschuft war einmal ziemlich in Mode, wenn auch keiner so genau erklären konnte, wo das Wort herkam und was damit gemeint war. Unsere

Rufe erreichten aufgrund der akustischen Situation im Stadion nie den Empfänger. Wir lachten trotzdem und schlugen immer wieder die hohe Fünf. Unser Aufwand, was die Anfeuerungsrufe betraf, war enorm. Heiserkeit und Halsweh waren häufig der Lohn für harten stimmlichen Einsatz. Ich unterstützte besonders einen Spieler unseres Vereins, den rechten Mittelfeldmann mit einem ausgeprägten Offensivdrang. Sein Spiel war dynamisch, und er war technisch sehr bewandert. Auf seinen ausgezeichnet dargebotenen Stan-Matthews-Trick antworteten die stehen gelassenen, verwirrten Verteidiger mit einem verblüfften «Uff». Meine Zuneigung diesem Spieler gegenüber erklärte sich jedoch ausschließlich durch sein Äußeres. Er war an den Unterarmen tätowiert und hatte ganz kurze Haare. Er sah wild und verwegen aus und war vor langer Zeit aus England in unsere Stadt gekommen. Ein Inselkicker, der die rohe englische Art Fußball zu spielen genauso verinnerlicht hatte wie die fabulösen technischen Vorzüge eines John Barnes. Der Grund seines Umzugs war schlicht und einfach die Liebe zu einer weiblichen Person gewesen.

Er spielte manchmal Gitarre im Irish Pub. Dort sah ich ihn kurz, da ich im Anschluss an das Training einen Umweg über die irische Gaststätte gemacht hatte. Er schmetterte einige Gassenhauer, und die Stimmung war trotz noch nicht vorgerückter Stunde enorm fröhlich. Ich drückte am Fenster meine Nase platt, zehn Minuten lang, verfolgte das bunte Treiben und beobachtete die ausgelassenen Zuhörer. Mein Idol gab Lieder wie «Dirty Old Town» und original irische Volksmusik zum Besten, sang Sätze, die nach «I Said John You Must Not Throw A Stone» und «When My Wife Would Be A Bottle Of Whiskey» klangen. Ein ziemlich betrunkener Mann pfiff auf einem irischen Blasinstrument namens *Whistle* eine Begleitung. Dazu wurde getanzt, Bier verschüttet, herzhaft gelacht und wahrscheinlich viel englischer Humor verbreitet.

This is England! Locker, flockig, rockig. Mein Vorbild war nicht nur auf dem Fußballplatz eine Bereicherung, sondern auch für das Nachtleben unserer Stadt.

Ältere Damen hätten meinen Lieblingsspieler wohl als Asozialen beschimpft. Aber er war ein ehrlicher Kämpfer, ein im Grunde sympathischer Zeitgenosse, der mich immer grüßte, wenn wir uns am Trainingsplatz über den Weg liefen. Und das war nicht selbstverständlich. Ein kickender Rocker sagte «Hallo» zu mir! Ich fühlte mich sehr geschmeichelt. Dies war mit ein Grund, wieso mir Gitarrenmusik gefiel.

Übrigens: Ein weiterer wichtiger Förderer meines aufkeimenden musikalischen Interesses war mein Bruder. Seine Plattensammlung konnte sich nicht mit der eines sammelwütigen Musikjournalistenfreaks messen, jedoch schlug hier Qualität Quantität. Oft durfte ich mit ihm den verzerrten Klängen verschiedener Heavy-Metal-Bands lauschen. Nicht selten schüttelten wir unsere Köpfe zur Rockmusik, die allzu laut aus seiner Hi-Fi-Anlage föhnte. In jugendlichem Übermut wurde sein Bett in eine Bühne verwandelt, auf der die Band schweißtreibende Luftgitarrensoli und wilde Trommeleskapaden darbot. Mein Bruder fungierte als DJ, Gitarrist und Sänger gleichzeitig. Ich wechselte zwischen exzessivem Schlagzeugspiel, moshendem Gitarreneinsatz, David-Lee-Roth-Grätschen und Otto-Rehhagel-gleichen Zappelbewegungen.

Es war schwer zu erklären, aber in diesen besonderen Momenten der haltlosen körperlichen Ausdrucksweisen erschien es mir, als ob tausend Blitze meinen

Körper durchzuckten. Als ob mit Sound angereicherte Leukozyten meinen Leib mit essenziellem Lebenssaft fluteten. Mein Fleisch und Blut wurde durch Schallwellen in Wallung gebracht, wodurch kein vernünftiges Handeln mehr möglich war. Ein Brodeln im Innern des Kerns. Es strömte Ton, gemessen in Phon. Willkür war die Herrin über meine Gestalt. Außenstehende hätten uns für Parkinson-Opfer halten können oder uns direkt in eine KUK (Klinik für unbekannte Krankheitserscheinungen) eingeliefert. Es waren uns unerklärliche Mächte am Werk. Doch wer kennt das nicht?

Man lauscht, wenn auch unbewusst, einer Melodie, einer Musik und: Der Fuß wippt. Ohne Eigendynamik, ohne die Absicht, den Takt zu klopfen, geht der Fuß auf und ab. Es gibt Lieder, die gehen bei dem einen Ohr rein und bei dem anderen fluchtartig wieder hinaus. Doch selbst hier geht das Fußgewippe los. Und zwar deswegen, weil die Auffassung von Musik teilweise vom Unterbewusstsein gesteuert wird. Wenn sich der Rhythmus einschleicht, dann ist Bewegung angesagt, und das kann grausam sein. Da schimpft man darüber, wie schlecht das soeben gehörte Lied doch ist – und im selben Moment bewegt sich der Fuß am selben Körper auf und ab. Die Macht des Taktes übermannt einen, und man kommt sich echt blöd vor, wenn man über die Musik schimpft, zu der man gleichzeitig die Viertel stampft. Beispiel: Im Radio läuft ein Lied. Sofort fängt man an zu lamentieren: «Was für ein Schund, das muss von der neuen Disco-Floor-Attacke Teil 4 sein! Dieser Müll läuft rauf und runter!» Der Fuß tänzelt im Takt. «Diese Musik ist absolute Notdurft, Minusware, ein Klang des Leids!» Der Fußballen geht deutlich auf und ab. «Kaum zu glauben, dass so ein musikalischer Sondermüll irgendwen interessiert. Sind das Tierstimmen, die da so blökend im Hintergrund wummern?» Man trommelt den Beat mit dem ganzen Fuß. «Dreck!»

Die nächste Stufe nach «mit dem Fuß wippen» ist das «mit dem Kopf nicken». Ebenfalls keine Aktion, über die man lange nachbrütet, um sie dann im richtigen Moment auszuführen. Früher hatte man nur mit dem Kopf gewackelt, falls man Fragen bejahen oder Schuldzuweisungen verneinen wollte. Doch irgendwann war es ein nicht zu unterbindender Vorgang beim Vernehmen von Musik, ein Vorgang, der einen bisweilen wie Jim Knopf marionettenartig durch die Gegend wackeln ließ. Musik drängte, zog, schob, verbog. Musik war gleichzusetzen mit einem Burn-In-Syndrom: Es kribbelte und brannte, bis zum Ausbruch von Emotionen, Aggressionen, Visionen. Und dieses Gefühl kannte keine Sättigung. Das Herz, bis unter die Kammerdecke gefüllt mit Adrenalin und Euphorie, zuckte vor Vergnügen. Die Musik wurde von uns nicht dirigiert, sondern sie dirigierte uns. Musik gab den Ton an. Sie flexte, trickste, heizte mit einem mit, in einen hinein, und durch einen hindurch. Erzeugte Wärme und Kälte im selben Moment, um danach den Körper ganz ruhig und gelassen mit einem wilden Anfall zu überziehen. Widersprüchlich – und doch so eindeutig logisch. Musik war der Boden unter unseren Füßen. Und sie zog denselben unter uns weg.

Musik expandierte das Bewusstsein, sie modellierte den Körper, sie sorgte für Träume und traumatisierte, sie fungierte als Lebensretterin, als Heilsbringerin, als Trösterin. Sie konnte Verständnislosigkeit in Erkenntnis und längst sicher geglaubte Realität in Unsicherheit verwandeln. Ein Tranquilizer und Unruheherd zugleich.

Sie konnte noch mehr Stille erzeugen als Geräuschlosigkeit. Sie konnte selbst leise gedreht stärker in der Bauchgrube drücken als ein heftiger Magenhieb. Um es in den Worten geistreicher Fußballtrainer zu formulieren: Musik explodierte am Mann. Musik hetzte, zerfetzte, verletzte. Sie war eine neurologische Granate, die als rasender Transmitter die Sinne anregte, benebelte und durchfegte. Ein Synapsen-Attentat, ein Gehörnerv-Torpedo, eine unsichtbare Macht.

Musik stützte und nutzte. Sie konnte ein guter Freund sein, der dir in schlechten Momenten mit seinem starken Takt unter die Arme griff oder mit lieblichen Melodien sensibel tröstete. Der dir verständnisvoll zur Seite stand und ruhig zuhörte – obwohl sich das nun wirklich kontrovers anhört. War und ist aber so. Musik klopfte dir Mut zuweisend auf die Schulter, verstärkte das Selbstbewusstsein und deutete manchmal in die richtige Richtung, wenn du dich auf falschen Bahnen wähntest. Nicht immer. Sie konnte hier und da auch enttäuschen: Man legte voller Vorfreude und aufgeregt die soeben erworbene neue Platte einer Lieblingsband auf – und blickte dann beleidigt aufs Cover, weil die Erwartungen nicht erfüllt wurden. Das war dann so, als hätte man stundenlang ganz allein in der Kälte auf einen Freund gewartet, der nicht kam. In solch einem Fall wurde dann der «Freund» mit langfristiger Verbannung ins Plattenregal gestraft.

Ansonsten war Musik belebend, erbebend und erstrebenswert. Weil Musik emotionalisierte. Sie war unergründlich. Das ist sie immer noch. Und allen Menschen, die auf die Frage nach ihren musikalischen Vorlieben antworten, sie würden sich nichts aus Musik machen, sei erklärt: Ihr verpasst den Rhythmus des Lebens. Ihr seid leere Zombies. Schneidet eure Ohren ab, denn ihr braucht sie nicht zum Hören der

Melodien. Schneidet eure Beine ab, denn ihr braucht sie nicht zum Tanzen. Schneidet eure Finger ab, denn ihr braucht sie nicht zum Schnipsen. Schneidet eure Köpfe ab, denn ihr braucht sie nicht zum Nicken. Schneidet eure Hände ab, denn ihr braucht sie nicht zum Klatschen. Schneidet euer Herz heraus, denn es wird nie im Takt schlagen. Danach räumt die Sauerei auf und dreht beim Verlassen des Raums die Musikanlage auf 11! Ignoranten! Selbstzerstümmler!

Die Musik war unsere erste beziehungsweise zweite Leidenschaft. Die Art der Tonträger, die mein Bruder besaß, war alles andere als einseitig. Seine Klangbibliothek setzte sich aus Vinyl-Schallplatten, Compakt-Disketten und Audio-Kassetten zusammen. Keine nostalgische Orthodoxie. Kein Fokussieren auf die Moderne. Alles war erlaubt, sofern der musikalische Beitrag stimmte.

Der schneidende Sound einer verzerrten Gitarre erfüllte uns. Der gewaltige Einstieg eines Schlagzeugs bereicherte uns. Ein dicker Basslauf brachte uns Wohlgefühl. Musik war für uns die Berechtigung, wild zu sein. Das softe Gedudel aus dem Radio hätten wir am liebsten als Verbrechen an den Gehörnerven der Menschheit verurteilt. Als Musik-Television immer mehr Bedeutung errang, verhärtete sich unsere Abneigung gegen diese Art von Musik. Immer wenn Boygroups aus Inzuchtfabriken über den Bildschirm schwänzelten, hofften wir, dass Ozzy Osbourne hinzutreten würde und ihnen – genauso wie 1981 bei einem Konzert in Des Moines, Iowa, einer Fledermaus – den Kopf abbeißen würde. Aber es gab auch Sendungen, die Musikclips der wahren und harten Musiker zeigten. Sie waren unsere Vorbilder.

Unser neugieriges Interesse entpuppte sich schon bald als Passion, bei der wir unvergleichliche Augenblicke durchlebten. Enthusiasmen, Ekstasen, Extreme.

Wir pogten, flogen, zogen brandschatzend durch unsere Bude und schrien, als würde uns der Teufel persönlich den Dreizack in Form einer brennenden Gitarre in den Hintern stopfen. Es gab viele Wege der Befreiung unserer selbst. Der wichtigste war für uns allerdings folgender:

Fäuste gen Himmel, Zeige- und kleiner Finger weit weggestreckt. Posen aus der Hölle!

«Long Live Rock», «God Gave Rock 'n' Roll To You», «Highway To Hell», «Sabbath Bloody Sabbath», «Sunday Bloody Sunday», «Brown Sugar», «666 – The Number Of The Beast», «Should I Stay Or Should I Go», «The Final Countdown», «Poison», «Whole Lotta

Love», «Summer Of 69», «Breaking The Law», «Born To Be Wild», «Waiting Room», «Rock'n'Roll Highschool», «Seek & Destroy», «Blitzkrieg Bop», «God Save The Queen», «Hey Hey My My», «Angel Of Death», «Smoke On The Water», «Black Betty», «Every Rose Has Its Thorn», «Walk This Way», «Paranoid», «The Sign Of The Southern Cross», «Owner Of The Lonely Heart», «Jump», «My Generation», «Fast As A Shark», «Stairway To Heaven», «Metal Kings», «The Strong Will Survive», «Keeper Of The Seven Keys», «Master Of Puppets», «War», «Ace of Spades», «Balls To The Wall», «I'm The Man»...

Oftmals stand Mama in der Tür, mit beiden Zeigefingern die Ohren verschlossen, und brüllte uns an: «Schluss mit dem Krach. Seid ihr eigentlich verrückt geworden?» Wir mussten erst durch harten Körperkontakt aus unserem Wahn gerissen werden. Widerwillig drehten wir die Verstärker ab, stellten die Gitarren in die Ecke und erklärten das Konzert für beendet. Weil Zugaben deshalb oftmals ausfielen, mussten wir uns vom imaginären Publikum den Vorwurf der Arroganz gefallen lassen.

Papa hörte die musikalischen Eskapaden eigentlich ganz gern. Jedoch gab er dem Verlangen nach echten Gitarren samt Verstärker zu unserer großen Enttäuschung nicht nach. Das wäre zu laut, hieß die Begründung. Wie viel lauter konnte es denn noch werden? Zu allem Übel besaßen wir ein Klavier, das meine Mutter in jungen Jahren geschenkt bekommen hatte. Die Folge: keine Gitarren, aber Klavierunterricht für uns beide.

Die Klavierlehrerin erinnerte uns an eine alte Hexe – mit ihrem grauen, schlecht sitzenden Kostüm, den grauen, gerade geschnittenen Haaren und der langsamen, schlurfenden, gebückten Gangart. Wir schätzten sie auf 204 Jahre. Sie trank fortwährend schwarzen Kaffee und aß trockenen Kuchen, was ihr einen bitteren Mundgeruch bescherte. Sie hatte etwa zwanzig Schüler, aber ich war mit Abstand der schlechteste. Oder der faulste. Oder beides. Doch weil ich glaubte, eine musikalische Ausbildung sei von enormer Wichtigkeit für irgendeine spätere Laufbahn, ging ich weiter in den Unterricht, den mein Bruder schon längst quittiert hatte. Obgleich mir die Sache wirklich keinen Spaß machte, spurtete ich oftmals mit dem Fahrrad vom Bolzplatz zur Musikschule – ohne einen blassen Schimmer, was ich hätte üben sollen. Ich erschien mit verschwitztem Trikot, dreckigen Fingern und Grasflecken an den Knien der Trainingshose. Am schwierigsten war es, mit den Fußballschuhen die Klavierpedale zu betätigen. Die Lehrerin beschwerte sich.

«Es macht doch wohl keine Umstände, in normaler Hose und mit gewaschenen Händen zum Unterricht zu erscheinen?»

Ich antwortete: «Na, in Jeans kann ich schlecht Fußball spielen. Und immerhin war ich heute nur drei Minuten zu spät.»

Sie schimpfte: «Wieso nimmst du überhaupt Unterricht, wenn du immer unvorbereitet hier erscheinst?»

«Ich will so werden wie Udo Jürgens», behauptete ich.

Verständnislos fragte sie: «Was gefällt dir denn an Udo Jürgens?»

Meine Antwort kam so schnell wie eine Direktabnahme von Martin Kree. «Dass er zusammen mit der deutschen Nationalmannschaft ein Lied gespielt hat. 1978. Buenos Dias Argentina.»

Kopfschüttelnd drehte sie ab in Richtung Kaffeekanne und zischte: «Rausgeschmissenes Geld. Und bitte nie wieder diese schmutzigen Trainingshosen. Du riechst immer nach Gras.»

Besser, als nach einer ekelhaften Mischung aus Kaffee, Kuchen und verfaultem Hexenatem, dachte ich.

Das Geld meiner Eltern war im Klavierunterricht wirklich nicht gut angelegt. Während andere Schüler schon komplizierte Sonaten aus dem Cerny (schwieriges Übungsheft für Fortgeschrittene) spielten, war ich immer noch bei den ersten Seiten in der Kinderklavierfibel. Und diese Schüler genossen noch nicht so lange den Unterricht der alten Hexe wie ich.

Eines Abends konnten die Eltern bei einem Vorspiel das Talent ihrer Schützlinge bewundern. Hierfür wurde extra eine nach Wachs und altem Holz riechende Grundschulturnhalle bestuhlt. Kletterseile hingen ängstlich von der Decke, und an den Wänden hielten sich Sprossenwände fest, als wollten sie sich vor meinen Misstönen verstecken. Die Holzverkleidung drohte sich von den Wänden zu lösen und wie die Zehennägel einiger Zuhörer aufzurollen.

Mein Talent führte ich anhand einer *fast* fehlerfreien Darbietung von *Crazy Taxi*, einem Boogie-Woogie-Stück für Anfänger, vor. Die Klavierlehrerin forderte mich giftig auf, das Lied noch mal zu spielen.

«Aber fehlerfrei», presste sie verärgert und nicht gerade leise durch ihre Dritten. Es gelang mir nicht. Meinem eigenwilligen Vortrag wurde spärlicher Applaus gezollt. Ein Elternteil einer Schülerin, die wahrscheinlich Brahms mit der Nasenspitze spielen konnte, kicherte. «Der kann wirklich *nichts*!» Die Schmach, die diese Worte verursachten, brannte lodernd in der Magengegend. Ich hob den linken Mittelfinger und brüllte in den Saal:

«Ich kann vielleicht nicht Klavier spielen, aber ich beherrsche den doppelten Übersteiger!»

Raunen und Tuscheln. Nur Papa lachte und applaudierte.

«Unverschämter Rotzbengel», stieß ein Mann hervor, «schämen Sie sich nicht für Ihr Kind?»

«Nein», sagte Papa, «weil er den Übersteiger wirklich gut kann.»

Das war mein letzter Auftritt als Richard Clayderman. Zum Klavierunterricht ging ich nie wieder. Ich musste nur noch einmal zu der alten Hexe, um ihr ihre Notenhefte zurückzubringen. Ich erschien in einem verschwitzten Trikot, mit schmutzigen Händen und Grasflecken an den Knien – obwohl wir an diesem Nachmittag gar nicht Fußball gespielt hatten.

Musikalische Meinungsverschiedenheiten gab es zwischen meinem Bruder und mir nur selten. Ich war sozusagen ein gelehriger Schüler. Sog alles auf, aß jedes Ohrenbrot samt Gehörbutter, das er mir reichte. Musikzeitschriften wurden meine Lehrbücher und neben dem Kicker eine unterhaltsame Lektüre auf der Toilette. Natürlich schickte auch hier und da der Radiosender unbestimmtes und unwichtiges Hörmaterial an unsere Ohren, quasi Normalgut und kein Spezialmaterial, das in Fanzines oder Fachblättern behandelt wurde. Man hätte fast behaupten können, wir seien tolerant und offen. Denn selbst Künstler wie Hallervorden oder Haindling wurden in der Badewanne durch Mitpfeifen honoriert. Aber nur, wenn die Rückenbürste – mal nicht als Mikrophon, sondern als Tennisschläger missbraucht – in tausend Stücke zerbarst und somit eine Roger-Daltrey-Imitation nicht umsetzbar war.

Haindling war einmal dafür verantwortlich, dass mir im Deutschunterricht ein tosender Applaus zuteil wurde. Wir sollten folgende Hausaufgabe bewältigen: Schreibe ein Gedicht mit einer bekannten Textzeile eines deutschen Pop- oder Volksliedes.

Mein Gedicht war ein Sechszeiler und lautete folgendermaßen:

Der Mensch ist gscheid und dumm zugleich
es liegt wohl an der Birne, weich.
So geht er öfters blöd durchs Leben
Um sich ganz logisch gscheid zu geben
Doch Haindling wusst' es, laut und schwer:
Schau hi, do kummt a Depp daher.

Nicht wenig stolz saß ich nach der donnernden Anerkennung auf meinem Stuhl. Sogleich wurde mein

Banknachbar aufgefordert, er solle doch bitte sein Gedicht vorlesen. Mein Nachbar, der schon auf dem Bolzplatz stets seine Vorliebe für vierschrötige Sportler à la Briegel, Schwarzenbeck, Terry Butcher und Co. kundtat, legte los:

Merke: Wer Pferden in die Kimme zwickt, ist halb verrückt!

Stille.

Der Lehrer: «Wie bitte?»

Schüler: «*Merke: Wer Pferden in die Kimme zwickt, ist halb verrückt!*»

«Und weiter?», fragte der Lehrer nach einer Weile.

«Nix weiter», antwortete der Schüler knapp.

«Und wo soll hier die Volksliedzeile versteckt sein?», wollte der Lehrer irritiert wissen.

«Welche Volksliedzeile?»

«Na, die in deinem Gedicht vorkommen soll.»

«Die ist doch da! Pferden. Ein Pferd.»

«Und aus welchem Volkslied stammt das?», fragte der Lehrer gespannt.

«Es ist ein Ross entsprungen. Ein Ross ist ein Pferd.»

«Wie bitte?» Der Mann traute seinen Ohren nicht.

«Es ist ein Ross entsprungen», wiederholte der Schüler.

Der Lehrer sah für einen Moment verdutzt drein und korrigierte anschließend: «Es ist ein Ros, ein Rooos entsprungen. Eine Rose. Kein Ross, du Dummkopf. Außerdem ist das doch absoluter Schwachsinn, was du da geschrieben hast.»

Aus einer anderen Ecke vernahm man: «Schau hi, do kummt a Depp daher.»

Nun versuchte sich der Pferde-Poet zu verteidigen. «Aber eine Rose kann doch nicht springen!» Es war vergebens. Die Klasse setzte wieder zu überschwänglicher Lautstärke an. Nicht à la Beifallsbekundung, sondern aufgrund allgemeiner Erheiterung. Mein Banknachbar trug es beachtlich mit Fassung, grinste zu mir rüber und sagte:

«Da bin ich heute Nachmittag auf dem Fußballfeld wohl Axel Roos.» Das fand ich gut und hakte mich beim Getöse der Klasse unter.

Colin Hendry, SCO

5

Genannt: der Eisenkopf. Im Luftkampf ein Presslufthammer. Am Boden ein Durchschnittskicker. Gefürchtet allein wegen seines Aussehens. Einer, der Scotland The Brave mit Scotland The Crazy verwechselte. Übrigens: Bei der EM 92 in Schweden habe ich im Schottlandblock die lustigsten Stunden meiner Stadionkarriere verlebt – allerdings ohne Colin Hendry.
Erfolge als Nationalspieler bei großen internationalen Turnieren: ./.

Erster Verein:

07/83–06/87 Dundee United

Letzter Verein:

2/02–06/03 FC Blackpool

*07.12.1965
Größe: 185 cm
Gewicht: 77 Kg
51 Länderspiele für Schottland

Mein Bruder schmiedete herrliche Kassetten-Mixes für mich. Obwohl er fünf Jahre älter war als ich, interessierte er sich für meine Ansichten und Meinungen. Allerdings war er schockiert ob meines Lieblingsliedes. Dafür musste ich mir einige Bemerkungen gefallen lassen – und die Bezeichnungen «Schnulzenheini» und «Weichpimmel» schmerzten. Es war das Lied «There Is A Light» einer englischen Band, die in Manchester beheimatet war. Ob nun United oder City, wusste ich nicht.

Ich erwarb die Platte auf einem Flohmarkt für Nostalgiker und Altgebliebene. Die Scheibe selbst war aber gar nicht so alt. Ich hatte eigentlich ein traditionelles Fußballtrikot erwerben wollen, das mein Prestige in meinem Umfeld noch stärker aufwerten sollte. Die Schallplatte wählte ich nach dem Frontcover aus, das mir ins Auge fiel. Die Gruppe war durchaus als Gitarrenband zu bezeichnen, kam aber meistens ohne Verzerrungen aus. Das Lied trug die überaus schöne Aussage:

And if a double-decker bus crashes into us
To die by your side is such a heavenly way to die
And if a ten ton truck kills the both of us

To die by your side
Well, the pleasure and the privilege is mine
There is a light and it never goes out.

Ein starker Liebesbeweis verpackt in süßliche Melodie, obwohl ich auf dem Gebiet der Liebe damals noch keine Interaktionen hatte. Aber mir gefiel dieses Lied, ohne dass ich genau hätte erklären können, was meine Gehörnerven so beeindruckte. Am meisten ärgerte meinen Bruder, dass auch seine Freundin dieses Lied enorm mochte. Manchmal tanzten wir beide dazu, und er stöhnte verzweifelt: «Ihr Weiber!»

Die Freundin meines Bruders war ein sehr nettes Mädchen, und ich mochte sie, nicht nur weil wir ein gemeinsames Lieblingslied hatten. Sie nannte mich immer «Süßer», was mir gefiel. Mein Bruder wollte sie davon überzeugen, doch lieber *ihn* so zu bezeichnen. *Er* sei doch ihre große Liebe. Und sie seine!

Als ich mit ihm eines Abends, nach heftiger Metal-Orgie, auf dem Bett lag und wieder einmal das Thema Rauferei und Gewalt zur Sprache brachte, erklärte er mir:

«Das Umherziehen in der Gruppe ist cool. Es vermittelt ein extrem starkes Zusammengehörigkeitsgefühl. Wir sind der Mob und ziehen durch die Straßen. Das ist wahnsinnig aufregend. Du hast doch den Film ‹Quadrophenia› gesehen. Das gefällt dir doch auch.»

Ich entgegnete: «Wir ziehen auch durch die Straßen. An mein Bonanza hab ich extra Rückspiegel angeschraubt. Wie die Typen in dem Film an ihren Rollern. Aber wir kloppen uns nicht. Höchstens untereinander.»

Mein Bruder runzelte besorgt die Stirn. «Ich will auch nicht, dass du dich prügelst. Aber wir kämpfen ja nur mit anderen Fans. Das ist irgendwie OK.»

OK, wenn man eins auf die Fresse kriegt? OK, wenn man andere schlägt? «Kommt ja Gott sei Dank nicht so oft vor. Meistens sind es nur verbale Anfeindungen, oder man pöbelt sich an. Ach, vergiss es», schickte er hinterher.

In meiner Vorstellung sah ich einen Boxkampf, der an herausragende Fights zwischen Rocky «The Italian Stallion» Balboa und Ivan «Wenn-er-tottt-ist-ist-er-tottt» Drago erinnerte. Den «Kampf des Jahrhunderts» hatte ich einige Tage zuvor im Abendprogramm verfolgt, in dem eine ganze Reihe Rocky-Filme gezeigt wurde. Dass mir der sportliche Hollywoodstreifen gerade jetzt in den Sinn kam, lag bestimmt nicht an der blonden, großbusigen Frau, die darin mitspielte. Die Filmmelodie «Eye Of The Tiger» klang mir noch Tage später im Ohr und hintermalte nun auch das Szenario, das die beiden verfeindeten Gangs in meinen Gedanken boten. Sie tänzelten schattenboxend auf sich zu – erst leichtes Abtasten, dann kurze, spitze Beleidigungen rufend. Die ersten Linken trafen. Ein, zwei Gerade saßen. Dann: Fäuste rollten, Punches flogen, Schädel brummten, Nasen bluteten, Zähne brachen, Knochen auch – Mord und Totschlag. Aua!

«Mir gefällt das nicht», brachte ich traurig hervor. Ich machte mir mittlerweile mehr Sorgen, als ich bisher zuzugeben bereit gewesen war.

«Ich weiß», sagte er verständnisvoll. «Es ist aber zur Gewohnheit geworden. Wie ein Hobby. Es ist aufregend! Und schließlich kann man sich ja auch beim Fußballspielen schwer verletzen.»

«Wie fing das an?», wollte ich wissen.

Mein Bruder überlegte kurz, dann schüttelte er den Kopf und sagte: «Weiß nicht. Die Gang, der Fußball, der Kick … Passte irgendwie alles zusammen. Die Raufereien waren wie eine neue Liebe. Es kribbelte im Bauch.»

Eine neue Liebe ist wie ein neues Leben *tamtamtam schalalalalalaa.* Also ist dann seine Freundin eine neue neue Liebe? Oder die Gewalt? Wer war zuerst da? Ein Machtkampf zwischen Fleisch und Blut. Im wahrsten Sinne der Wörter.

Seine Freundin kam regelmäßig zu uns, und meine Mutter stand oft mit ihr bei einer Tasse Tee in der Küche. Damengespräche, wie sie das nannten. Dabei redeten die beiden wild gestikulierend. Es hatte oft den Anschein, als ob sich eine ganze Hühnerfarm zwischen Kühlschrank, Herd und Esstisch befand. Bevorzugte Themen: Regionale Sportereignisse, das Verhalten meines Bruders/ihres Sohnes/ihres Freundes, Werbeprodukte aus hiesigen Reklameheften, exotische und sagenhafte Teesorten, weibliche Geheimnisse, Ledertäschchen oder Täschchen aus anderen Materialien, Vergleich angewandter und erlebter Erziehungsmaßnahmen, Kochkünste und Küchentipps, moderner Pop und der Verfall der Tanzmusik, lustige Begebenheiten aufgrund ungeschickter Handhabung von Damenutensilien, Sympathie und Zuneigung. Meine Mutter war ein echter Schatz, und ich hätte auch gern einmal solche Gespräche mit ihr geführt. Allerdings konnte ich das in meinem Alter nicht zugeben. Man war ja schließlich Jürgen Milewski oder Tony Woodcock und nicht Ilja Richter oder Heintje. Nichtsdestotrotz lag ich gern in ihrem Arm, ließ mich hinterm Ohr kraulen und fühlte ihre warme Hand auf meinem Rücken. Ich konnte die Freundin meines Bruders sehr gut verstehen. Es kam nicht selten vor, dass sie, wenn sie zu uns kam, direkt zu Mama in die Küche ging. Nach zwei Stunden erschien sie dann im Zimmer meines Bruders und sagte: «Ich geh dann mal, mach's gut, bis bald.» Und um ihm den Todesstoß zu setzen, guckte sie noch mal zur Tür herein und flüsterte: «Ciao, Süßer.» Und blickte dabei mich an. «Och Mann!», kam es von meinem Bruder. Aber er war ihr nicht böse. Tolles Paar, dachte ich.

Die Liebe meines Bruders war ein Jahr älter als er, kam aus dem Nachbarbezirk und arbeitete als Volontärin beim Radio. Sie war sehr sportlich – eine Schwimmerin – und ging genauso wie wir zu jedem Heimspiel unseres Teams. Allerdings bevorzugte sie einen sicheren Sitzplatz. Das Thema Fußball wurde von den beiden oft angesprochen, jedoch kritisierte sie die Vorlieben meines Bruders offen. Die Extreme machten ihr Angst. Dennoch schien mir, ihre Beziehung sei bombenfest und glücklich. So wie meine zu Diego Armando Maradona. Wahre Liebe. Liebe, an die ich glaubte. So wie später tausend andere der argentinischen Glaubensgemeinschaft «Die Hand Gottes».

Apropos Glauben: Der versetzt ja angeblich Berge. Und wer's glaubt, wird selig. *Subito santo*, sozusagen. Deswegen war ich als Kind in den Dienst des Herrn getreten. Mein Bruder hatte mich mitgeschleift, nachdem ihm beim Kerzentragen und Weinbecherüberreichen allein langweilig geworden war. Er hatte das Arbeitsgebiet «Messdiener» übernommen, als der alte Messner der Vorstadtkirche, den unsere Oma immer «Glöckner Hans» genannt hatte, ihn eines Morgens um Unterstützung bat. Wir wohnten in früheren Zeiten oft den Gottesdiensten bei, da es unsere Großmutter ziemlich gut mit Gott konnte. Sie schleifte meinen Bruder und mich zum sonntäglichen Gemeinschaftsbeten in die

Kirche, während unsere Eltern nur sporadisch die Bethalle besuchten.

Mein Bruder fand den betäubenden und halluzinogenen Geruch von Weihrauch immer schon ansprechend. Eine Runde Frei-Drogen, sozusagen. Folglich stieg er in das Geschäft des Ministrantentums ein, das wir später gemeinsam nicht länger als ein knappes Jahr betrieben.

Zusammen vollzogen wir während des Gottesdienstes bekannte Rituale der Christenheit. Trugen Kerzen durch das Kirchenschiff, sangen «Hosianna» und priesen meist übermüdet den Herrn. Wohl eher um der Abwechslung am Sonntagmorgen willen als aus Hingabe und Glaube an die Dreieinigkeit. Da wir als Rotzbuben sowieso immer vom Pfarrer an den Ohren in den Beichtstuhl gezogen wurden, falls uns unser Weg zu nahe an der Kirche unseres Stadtviertels vorbeigeführt hatte, konnten wir uns unserer Sünden auch gleich vor Ort beim Chef selbst entledigen.

Die Beichten hatten meist etwas Unangenehmes. Die Preisgabe von frevelhaften Geheimnissen war nun mal keine Selbstverständlichkeit. Allerdings war es eine obligatorische Abfolge gleicher Schuldgeständnisse. Bis der Beichtabnehmer uns einmal aufforderte, wir sollten doch tiefer in unsere Herzen horchen, um nicht immer Gleiches vor Gottes Gericht zu bringen. Diese immer wiederkehrenden Fehltritte waren zum Beispiel:

Ich habe gelogen.

Ich habe geflucht.

Ich war unartig.

Ich habe meine Hausaufgaben nicht gemacht.

Ich habe meinem Freund einen rot schimmernden Legostein gestohlen.

Durch die Aufforderung, ehrlicher zu sein, kamen

dann folgende Sünden ans durch die verschnörkelt geschnitzten Fenstergitter scheinende Tageslicht:

Ich habe Luft aus nicht mir gehörenden Fahrradreifen entweichen lassen.

Ich habe beim Schwimmunterricht in die Mädchendusche geschielt.

Ich habe gestern Abend das Beten vergessen (gleichzeitig eine große Lüge, denn das vergaß man durchaus mehrere Abende lang).

Ich habe vom Messwein getrunken (in der Ministrantenzeit war der Run auf den übrig gebliebenen Messwein nach der Predigt eine Sportart für sich).

Ich habe vorsätzlich beim Fußballspielen blutgegrätscht.

Ich habe beim Schafkopfspiel einmal nicht Farbe zugegeben.

Ich habe meinen Bruder zum Teufel geschickt, doch der wollte ihn nicht.

Apropos Teufel und Bruder: Da er es war, der mich in die Handgriffe des Gottesdienstes einweihte, musste ich ihm blind vertrauen. Ich hatte seine Bewegungen schon gespannt verfolgt, als ich noch in den Zuschauerrängen saß, daher war ich mir, trotz des jungen Alters, der wichtigsten Aufgaben bewusst. Die restlichen Einweisungen kamen während der Predigt per Kopfnicken, Ohrenwackeln und durch Blicke, denen ich folgte und die ich zu deuten versuchte.

Eines Tages standen Gott bis auf meinen Bruder und mich keine weiteren Ministranten zur Verfügung, und somit musste ich an jenem Sonntagmorgen viele unbekannte Tätigkeiten übernehmen, die man eigentlich erst in späteren Dienstjahren auferlegt bekam.

Als wir bei der heiligen Kommunion waren und ich nervös und mit zittrigen Knien zum ersten Mal die goldenen Glöckchen in die Hand nahm, die zwei Ministranten zu gewissen Sätzen und Gesten des Pfarrers sanft läuten mussten, passierte Folgendes: Mein Bruder war eindeutig nicht bei der Sache und mit den Gedanken in einer Welt, die mit der gegenwärtigen nicht übereinzustimmen schien. In dem Moment, als der Priester zum ersten Mal den Kelch hob, läutete mein Bruder noch ganz normal die Glocken. Ich tat es ihm gleich. Fing vielleicht einen Wimpernschlag später an und hörte eine Millisekunde später auf. Erste Runde geschafft, dachte ich. Doch dann, übermannt von einem – wie mir schien – Voodoo-artigen Zauber, fiel er in einen steten Rhythmus. Ohne eine preisende Geste des Pfarrers zu unterstützen, ließ er alle zwei Sekunden die kleinen Messingkuppeln ertönen. Stetig in gleichem Abstand. Der Pfarrer schielte nach unten, und selbst die anwesende Glaubensgemeinschaft brummte missmutig. Zu allem Überfluss summte mein Bruder noch eine Melodie zu seinem Geläut. Deutlich hörbar. Mir war sie zu diesem Zeitpunkt noch nicht geläufig, und ich nahm an, er wäre in ein Halleluja-artiges Loblied verfallen. Nach dieser kurzen, eigenwilligen Vorstellung – der ich natürlich unwissend und gutgläubig folgte und ebenso ständig meine schrillen Glöckchen läuten ließ – erwachte er aus seiner Lethargie. Er blickte zu mir herüber, grinste und flüsterte: «Hells Bells. AC/DC. Cool!»

Es war unsere letzte Vorstellung als Messdiener.

Doch in jener Zeit konnte ich mich aus nächster Nähe mit den Bildern, Fresken und Statuen des Kircheninnenraumes beschäftigen. Die Gemälde an den Wänden zeigten teilweise kämpferische und kriegerische Situationen, welche die Spiele der englischen und holländischen Nationalmannschaften als

Kinderfaschingsfeste dastehen ließen. Dort bohrten sich Pfeile durch Körper, da wurde ein Schwert geschwungen, hier klafften blutende Wunden, dort zogen zornige Hände an Gewändern und Haut.

Diese in Bilder gefassten Horrorszenarien und fragwürdigen Darstellungen des Leids und des Verderbens, die wir von unseren Ministrantenhockern aus bestens studieren konnten, waren meistens nicht einmal auf den Beelzebub mit seinen satanischen Versen zurückzuführen. Beim Stichwort «Satanische Verse» musste ich immer ziemlich lachen. Weil es in meinem Umfeld tatsächlich auch Anhänger des FC Bayern München gab, wusste ich nämlich: Bayernfans denken bei dem Begriff immer an Madjers verteufelt geniales Hackentor 1987 im Landesmeistercupfinale, dessen «satanische Ferse» die bitter schmerzende Niederlage für den deutschen Rekordmeister einleitete.

Außerdem wurde ja im Geschichtsunterricht der höheren Schulklassen gelernt, wie vor einigen Jahrhunderten durch Priesters Antrieb und durch Christenhand Völker, na ja, sagen wir «hinterfragt» und aus Raffgier und Maßlosigkeit «bedrängt» wurden. Gewalt war offenbar den Höchsten der Glaubensgemeinschaft «Christentum» kein Fremdwort. Den Niederen auch nicht. Und wir schrieben es so in unsere Hausaufgabenbücher.

Nun stellte ich mir im Nachhinein folgende Frage: Wurde mein Bruder durch seine damalige Ministrantenzeit «hooliganistisch» beeinflusst? Der dauerhafte Kontakt (durch Augen und Ohren) mit diesen Horrorszenarien könnte ihn doch fehlgeleitet und zu gewalttätigen Vorlieben angestachelt haben! Bei derartigen Vorbildern? Möglich. Aber als dann während meiner Überlegungen ein schwerer Donnerschlag, gefolgt von einem grellen Blitz, die Luft durchzog, ließ ich von weiteren Annahmen und Spekulationen dieser Art ab und verwarf den Vergleich zwischen den Kreuzzügen der Christen und den Zerstörungszügen der Hooligans. Doch immerhin: Erzengel Uriel und Erzgebirge Ultraz sind zumindest lautmalerisch nicht allzu weit voneinander entfernt.

Meine kurze Zeit als Schwarzenbeck der katholischen Kirche brachte mich einmal spontan auf den Gedanken, nach einem erzielten Tor das Kreuzzeichen zu schlagen. Das geschah fast wie von selbst. In diesem Moment der überschwänglichen Freude dankte ich aber nicht Gott, sondern meinen neuen Adidas-Rummenigge-Schuhen. Und kam mir mit meiner Bekreuzigungsgeste im selben Moment fremd vor. Wer bejubelte denn auf diese Weise ein Tor? Niemand. Nicht in 50 Jahren. Also besann ich mich nach Torerfolgen sofort wieder auf Knierutschen, Propellerarme, Flugzeug und Hechtrolle. Heutzutage ist das Ritual der Bekreuzigung eine unerlässliche Geste der Bundesliga-Brasilianer, ja aller Brasilianer. Hätte ich zum damaligen Zeitpunkt ein Patent auf diese Jubelgeste angemeldet: Ich wäre heute Millionär!

Was blieb, war eine geteilte Meinung über die katholische Kirche. Die Handhabung mit der orthodoxen Befolgung von Glaubensritualen sollte jedem Individuum selbst überlassen werden. Das hatte ich ziemlich früh erkannt. Zum Beispiel im Religionsunterricht, der oftmals in einer wilden Diskussion über Sinn und Unsinn von vorgegebenen Verhaltensweisen – auf welche Art und Weise *muss* man wem huldigen? – mit dem Schultheologen endete. Später erkannte ich auch, dass die Institution Kirche ein sehr flottes Unternehmen war. In

Sachen Steuereintreibung. Mein Vater wunderte sich immer über die überaus «pünktlichen» Rechnungen des Kirchensteueramts. Mit den Worten «Schon wieder Kirchensteuer? Ja zahlt man die denn dreimal im Monat?» kommentierte er seine Verwunderung über die Häufigkeit der christlichen Briefsendungen. Als ich einmal zufällig eine solche Zahlungsforderung zu sehen bekam, musste ich belustigt feststellen: Die Kontonummer der Kirchenkasse beinhaltete drei Sechsen in Reihe (Zahlungsforderung: Wir machen Sie darauf aufmerksam, dass die Kirchensteuer für das zweite Jahresquartal zu überweisen ist. Bitte tätigen Sie die Zahlung bis Ende dieser Woche. Die Kontonummer: 132 666 – The Number Of The Beast – 877. Danke für Ihre Bemühungen. Ihr dreifaltiges Kirchensteueramt). Da hätte man eventuell mal den Exorzisten benachrichtigen sollen.

Allgemein gültig war und ist aber diese markante Erkenntnis: Egal ob Christ, Heide, Muslime, Diego-ist, Buddhist, Liberalist, Atheist oder Polytheist: Wenn der volley satt getroffene Ball donnernd im Torwinkel einschlägt, ist es einfach göttlich!

An einem lauen Sommerabend diskutierten wir zu viert im Wohnzimmer über Urlaubspläne. Unser Dad lag breit und zu Recht auf dem Sofa, auf dem ich auch noch ein kleines Eckchen für mich fand. Unser Sofa war ein sehr begehrter Ort der Ruhe. Ein mit hellbraunem Cordstoff überzogenes Kleinod der Bequemlichkeit. Es war der Thron des Hauseigentümers, und falls er ihn nicht in voller Länge in Anspruch nahm, konnte um das kleine Plätzchen am Ende seiner Füße noch gestritten werden. Ich hatte an jenem Abend mit einem Hechtsprung meinen Bruder in der Luft überholt und mir den Restposten an Gemütlichkeit gesichert.

Mein Bruder und Mama saßen jeweils auf einem der Sessel mit Fußteil, die nicht ganz an den Komfort des Sofas heranreichten. Der Fernseher lieferte Hintergrundberieselung, und meine Mutter forderte gerade mehr Begeisterung für kulturorientierten Urlaub. Sie versuchte unsere obligatorischen Urlaubspläne anzugreifen und mit einer überraschenden Idee die Macht der Campinggewohnheit zu sprengen. Der Gedanke allein war im ersten Moment Furcht erregend. Allerdings führte die Vorstellung davon, in weitläufigen Museen Flanken zu schlagen und mit großen, marmorierten Statuen ein «Eins-gegen-Eins» zu starten, bei meiner Person nicht zu gänzlicher Negation des Plans. Zudem konnte der Überbegriff Museum schließlich auch den untergeordneten Spezialbegriff Fußballmuseum beinhalten. Kultur konnte auch bedeuten: die Bereicherung der architektonischen Auffassungsgabe durch den Besuch von bausensationellen Lokationen wie z.B. Fußballstadien. Oder der Besuch eines Profispiels in einem südeuropäischen Land, gepaart mit dem interkulturellen Vergleich der hiesigen Stadionwurst mit einheimischem Nahrungsgut. Da würde man gleichzeitig sogar die kulinarischen Aspekte abdecken. Ich wurde mutig. «Wie würde denn so ein Kultururlaubsdings aussehen?»

«Nix», grantelte Papa sofort. «Tut mir Leid, aber ein Gehetze durch eine Großstadt klingt für mich nicht sonderlich nach Urlaub und Erholung. Wir waren doch am Strand immer zufrieden.»

Also doch Beach-Soccer und flugartistische Torwartparaden auf feinem Sand. (Immerhin fuhren wir auf dem Weg dorthin kurz hinter der italienischen Grenze stets an einem Ort namens *Bolzano* vorbei, das in meinen Augen *die* Fußballstadt schlechthin sein musste: eine Ortschaft, die nur aus einem riesigen Fußballplatz bestand und in der die alltägliche Tätigkeit eines jeden Einwohners nur darin lag, durch die Gegend zu bolzen. Bis dahin hatte ich gedacht, England sei das Mutterland des Fußballs. Vielleicht existierte ja auch dort ein Städtchen mit dem Namen *Bolzing*.)

Mama ließ nicht locker und argumentierte, dass uns eine Abwechslung vom normalen Urlaubsverlauf gut tun würde.

«Faul am Strand liegen und mit Sonnenbrand kämpfen … Salzgeschmack im Mund vom Baden … Campingessen aus Dosen und Getränke aus Plastikbehältern. Und wenn es regnet: Alarm, und mit kleinen Spaten Wasserrinnen um das Zelt graben. Lasst uns doch mal was anderes ausprobieren! Nicht immer den gleichen Trip.»

Papa antwortete in sportlicher Manier: «Klaus Allofs machte zehn Jahre den gleichen Trick und war erfolgreich.»

«Trip hab ich gesagt – und außerdem kann man ja auch mal Pelé sein wollen.»

Da waren wir baff. Mit so einem Konter hatte niemand gerechnet. Mama bewies Fußballwissen, wenngleich Pelé zugegebenermaßen sehr bekannt war. Papa schaute kurz auf, dann lächelte er anerkennend und sagte: «Meine Frau! Nicht schlecht.» Und während wir noch hin und her diskutierten, ob Stockholm oder Jesolo, während wir Paris mit Caorle verglichen und London oder Athen in den Kampf gegen Rimini schickten, sendete ein TV-Kanal einen aktuellen, interessanten Bericht über Hooliganismus. Eine Spezialsendung mit dem Titel «Hohle Birnen – Hooligans» oder «Die sportliche Welle der Gewalt», ich weiß es nicht mehr genau. Auf alle Fälle war es eine aufschlussreiche Darstellung der Gewaltproblematik bei Sportgroßveranstaltungen – obwohl es sich eigentlich ausschließlich um Fußballsport handelte.

Die breit gefächerte und sachliche Dokumentation reichte von der neuen Strukturierung der Fanszene bis hin zur Berichterstattung über die schlimmsten Folgen von Hooliganismus. Es wurden Einteilungen der Fangruppierungen vorgenommen, vom Kuttenträger bis zur C-Kategorie. Laut der Sendung waren viele Hooligans modebewusste Menschen, die in Lacoste-, Umbro- oder Lonsdale-Markenklamotten in den Kampf zogen und oftmals nicht von der breiten Masse zu unterscheiden waren. Die im Tarnmantel der Normalität unbemerkt auftauchen, schlagkräftig für Furore sorgen und im Nichts wieder verschwinden. Auf diese Weise entzogen sich die einschlägigen Rowdys den Polizeikräften. Manche Gruppierungen trugen Namen wie «National Front», «Alles Mögliche Ultras», «Black and White Warriors», «Red Blue Army», «Tukker Terror» oder «Inner City Firm». Letztere gehörten zu den Upper-Class-Fanclubs von England und hatten die Eigenart, ihren Opfern Visitenkarten in die Brusttasche zu stecken, auf denen stand: Gratuliere, Sie sind gerade der «Inner City Firm», West Ham, begegnet.

Man beleuchtete Unterschiede und Gemeinsamkeiten europäischer Hooligans. Insbesondere der deutschen, englischen und holländischen, die zweifelsfrei die gefährlichsten Rabauken in Europa waren. Man zeigte auf, wie verfeindete Fanlager Kämpfe und Straßenschlachten organisierten. So wurden bereits im Vorfeld Plätze festgelegt, die als Austragungsort der

Keilerei fungieren sollten. Auch hier gab es natürlich Heimvorteil, wenn man die Kenntnisse des geographischen Umfelds als dem Kampf dienlich erachtete. Wie in der Sportart Fußball selbst, in der das «Siegen» im heimischen Stadion einfacher erscheint. Doch darüber hinaus gab es auch aus der Spontaneität geborene Krawalle.

Die größten Katastrophen wurden analysiert. Brüssel 1985 und Sheffield 1989 waren uns allen noch deutlich vor Augen. Seit 1945 wurden bei Zuschauerausschreitungen in Europa über 300 Tote registriert. In der Sendung versuchte man theoretische Erklärungen für dieses ungeklärte Phänomen aufzustellen. Man legte sozialpsychologische Theorien dar, wie die Frustrations-Hypothese oder das triebtheoretische Modell. Ich verfolgte das Ganze angespannt und aufmerksam. Wir alle sprachen kein Wort. Versuchten das Sensations-Seeking-Motiv zu verstehen und wurden über die Rolle von Polizei und Medien aufgeklärt, die durchaus ihren Beitrag zu Hass und Abneigung leisteten. Diverse Hooligans wurden befragt und interviewt. Manche Aussagen klangen verdammt nach meinem Bruder. Wieder übermannte mich ein beklemmendes Gefühl, weil ich daran denken musste, dass er an diesem gefährlichen Spiel beteiligt war. Dass diese Sendung quasi von ihm handelte. Dass mein Bruder einer von den Menschen war, deren Freizeitgestaltung als «Krankheit des Fußballs» bezeichnet wurde. Ein Mitinitiator einer progressiven Aggressionswelle, die von ihn selbst offensichtlich als Spaßbeschaffungsmaßnahme angesehen wurde.

Meine Mutter war die Erste, die ihm eine Frage stellte.

«Das kommt mir verdammt bekannt vor, nicht? Ist

es tatsächlich das, was dir Spaß bereitet? Willst du so enden?»

Mein Bruder stellte sich unwissend. «Wie enden?»

«Na, findest du es toll, sich zu schlagen? So wie die?» Sie deutete verächtlich auf den Fernseher, der gerade eine wild gewordene Masse an Dumpfbirnen zeigte. «Willst du solch kriminelle Vorgehensweisen unterstützen? Du schlägst dich doch auch in Stadien.»

«Ich schlage mich nicht.»

«Doch, tust du», entfuhr es mir, und bereute sogleich meine Aussage. Papa rettete mich.

«Wir sind nicht blöd, Junge. Außerdem hast du es selbst schon gesagt. Und dein Umfeld in der Kurve ist bekannt. Ich glaube, du bist nicht weit von diesen Hooligans entfernt.» Papa deutete mit dem Finger auf den Bildschirm. Er hatte wohl seine bisherige tolerante Sichtweise geändert. Offenbar zeigte die Darstellung des brisanten Themas im Fernsehen Wirkung. Oder sein Wunsch nach heiler Welt innerhalb der Familie hatte ihm bisher eine realitätsnahe Betrachtung verwehrt. Nun allerdings äußerte er verschärft Kritik.

Mein Bruder lachte höhnisch. «Seid ihr wahnsinnig? Das, was wir manchmal tun, nennt man Raufen, Papa. Das ist doch nicht mit dem da zu vergleichen!»

«Ich sehe keinen Unterschied», antwortete er. «Du prügelst dich mit anderen Fans. Das ist doch krank!»

Und Mama fügte hinzu: «Wir machen uns doch nur Sorgen. Diese organisierten Kämpfe, diese Gewalt … Wo führt das hin?»

Meinem Bruder wurde es ungemütlich. «Ihr kapiert doch nichts. Das ist im Grunde ungefährlich.»

Meine Mutter war entsetzt. «Ungefährlich? Wenn Panik entsteht und Leute ums Leben kommen?»

«Es kommen doch bei uns keine Leute um! Wir

folgen einem Ehrenkodex, und außerdem muss ich euch das nicht erklären. Mir passiert schon nichts.» Er verließ verärgert das Zimmer. Ich wusste allerdings genau, dass ihm die Argumente ausgegangen waren.

Mama, Papa und ich saßen noch für eine Weile im Wohnzimmer. Die beiden versuchten mich auszufragen. Ich antwortete auf alles, was ich zu beantworten wusste, denn auch ich machte mir Sorgen.

Der Diskussion an jenem Abend folgten noch einige Gespräche mit meinem Bruder. Sowohl Mama als auch Papa unterhielten sich mit ihm, um in Erfahrung zu bringen, inwieweit ihr Sohn in dieses Umfeld involviert war. Offenbar konnte er meinen Eltern klar machen, dass er keinesfalls zu den Hooligans der Kategorie C gehörte. Angst sei unnötig und Kraftverschwendung. Er habe alles unter Kontrolle. Meine Eltern beschlossen am Ende, ihm zu vertrauen, da er alt genug sei, sein Leben selbst zu steuern. Sie arrangierten sich mit der Sichtweise, dass er kein Krimineller war, der Verletzungen beabsichtigte, sondern ein Jugendlicher, der eine etwas eigenartige Form von Action suchte. Hätte Papa sich allerdings schon frühzeitiger Gedanken über die negative Entwicklung im Verhalten meines Bruders gemacht, hätte er dazwischengehauen, dessen war ich mir sicher. Also, natürlich nicht körperlich dazwischengehauen, denn Gewalt war keine Alternative! Außer für Karl Allgöwer.

Junior, BRA

6

Leovigildo Lins Gama Junior

Mein persönliches Vorbild während der Weltmeisterschaften 1982. Wegen ihm trug ich in jungen Jahren die Nummer 6 auf dem Trikot. Er vollführte vor jedem Einwurf einen Handstandüberschlag, um durch die Katapultbewegung den Ball weiter schleudern zu können. Ein Fußballakrobat. Bei der Nachahmung seiner artistischen Einwürfe erlangte ich zwar Respekt, aber keinen Erfolg.
Erfolge als Nationalspieler bei großen internationalen Turnieren: ./.

Erster Verein:

01/74–06/84 Flamengo RJ

Letzter Verein:

07/89–12/93 Flamengo RJ

*29. 06. 1954
Größe: 177 cm
Gewicht: 72 kg
70 Länderspiele für Brasilien

Im Sommer war immer Hochbetrieb auf dem Bolzplatz. Ich wusste nicht, wem die Wiese gehörte, einem Bauern oder der Stadt, aber hätte derjenige Platzgeld verlangt, hätte er nie wieder arbeiten müssen. Papa sagte immer, bei der Stadt arbeite eh niemand, deswegen war es mir auch egal.

Einmal waren wir nach der Schule besonders viele Akteure und veranstalteten ein Königsturnier. An einem solchen Turnier nahmen mehrere Mannschaften teil. Alle Teams traten gegeneinander an, und somit wurden alle Punkte und Tore genau festgehalten. Die beste Mannschaft war König. Vier Teams wurden gemeldet, deshalb waren logischerweise auch vier Tormänner zugegen. Der Position des Torhüters standen die meisten mit einem zwiespältigen Gefühl gegenüber, und wenn man sich schon zwischen die Balken stellte, dann wollte man natürlich auch eine entsprechende Figur samt bekanntem Namen abgeben. Lev Jaschin, Uli Stein, Gordon Banks, Wolfgang Kneipp, Dieter Burdenski, Bert Trautmann, Joel Bats, Jean-Marie Pfaff, Eike Immel, Dino Zoff, Otto Kleff, Friedel Koncilia, Norbert Nigbur oder Ronnie Hellström. Das waren Größen, die man im hohen Flug zu imitieren versuchte. An besagtem Nachmittag wurde im Laufe des Turniers das Münchner Derby ausgetragen, zumindest aus Sicht zweier Torhüter. Die Begebenheit geriet außer Kontrolle, und es entwickelte sich eine handfeste Auseinandersetzung zwischen den beiden Handschuhträgern. Streitpunkt waren die provokanten Ausrufe des Löwentormanns Petar Radenkovic, der, durch den Führungstreffer seiner Mannschaft beflügelt, immerzu sang: «Bin i Radi bin i König, alles andere stört mi wenig!» Nachdem sie anfangs noch darüber gelacht hatten, verlangten nun immer mehr Spieler, dass die Fairness eingehalten und die fidele Gesangsdarbietung beendet wurde. Der als verrückt geltende Torhüter ließ sich jedoch nicht beirren und fuhr fort. Nach wiederholter Intervention wurde es dem gegnerischen Torwart zu bunt. Und dieser war kein anderer als Sepp Maier. Sepp setzte zu einem Sprint über den ganzen Platz an. Kurz bevor er am gegenüberliegenden Tor ankam, brüllte er mit sich überschlagender Stimme:

«Bin i Radi bin i Depp, da König is da Maier Sepp!»

Kaum hatte er diesen Satz beendet, katapultierte sich der verärgerte Bayernspieler in die Höhe, um mit Blutgrätschen ähnlicher Akrobatik im Körperschwerpunkt des nun innehaltenden Radenkovic einzuschlagen. Benommen rappelte sich der «Blaue» auf, um dem «Roten» einen Gegenschlag zu verpassen. Die Maulschelle ertönte, und das satte Klatschen klang nach dem scharfen Sound, den Goaßlschnalzer (Peitschenschwinger) bei traditionellen Trachtenumzügen verursachten. «Fahr zur Hölle, Sepp», waren die begleitenden Worte. Mittlerweile ist der Satz eine Ankündigung für «körperlichen Schmerz zufügen». Quasi eine Ohrfeige etc. Früher hingegen wirkten diese Worte beängstigend und riefen bei manchen ein schweres Trauma hervor. Die Vorstellung, aufgrund eines unwiderruflichen Fehlverhaltens in der Hölle zu schmoren oder unter Aufsicht des Teufels einen brennenden Ball barfuß dandeln – jonglieren – zu müssen, erschien uns mehr als grausam.

Eine Keilerei brach vom Zaun, die schwer zu unterbinden war, da sich die Streithähne mittlerweile sogar ihrer Handschuhe entledigt hatten, um schmerzhaftere Schläge platzieren zu können. Als ich vom Rand des Feldes aus die Rauferei verfolgte, wurde ich sofort an die Szenen der Hooligans in der Fernsehsendung erinnert. Ich erkannte, dass dieses Aggressionspotenzial nicht nur Hooligans zu Eigen war, sondern auch gestandenen Fußballprofis wie Maier Sepp und Radenkovic Petar. Die in der Sendung angesprochene Frustrations-Aggressions-Hypothese ließ sich leicht auch auf diese heikle Situation anwenden: Die Frustration war durch

das Gegentor und die somit drohende Niederlage entstanden. Die Aggression durch die fortwährende Reizung, durch die Selbsthuldigung des Gegenübers. Die Gewaltentwicklung von Sepp M. war demzufolge eine natürliche Reaktion – im Sinne der Frustrations-Aggressions-Hypothese wohlgemerkt. Aber auch das triebtheoretische Modell oder die Katharsis-These konnten hier zum Tragen kommen. Das hätte bedeutet, dass das aggressive Verhalten des Bayerntorwarts aus psychohygienischem Ansatz entschuldbar gewesen wäre. Er betätigte lediglich das Ventil zum Abreagieren aufgestauter Aggressionen, also nach dem Prinzip des «Dampfkesseleffekts». Das Ablassen von inneren Spannungen nach außen bewirkte eine psychische Befreiung. Die Katharsis-These bedenkend, kam ich zu dem Schluss, dass Maier wohl seine außerhalb nicht auszulebenden Aggressionen mit auf den Bolzplatz gebracht hatte. Er befreite sich demnach gerade von seelischen Konflikten und inneren Spannungen. Dabei entstanden in ihm reinigende Prozesse. Im selben Moment fiel mir ein, dass Sepp Maier an jenem Tag in Mathe eine satte Fünf erhalten hatte, und schon fand ich meine letzte These bestätigt. Aber die Fünf hatte ich ebenfalls erhalten, und in mir regte sich nicht der Drang nach seelischer Reinigung. Blieb also nur noch die Erklärung nach dem Sensation-Seeking-Motiv, bei dem der Protagonist seinen ausgeprägten Bedürfnissen nach Spannung, Action, vielfältigen Erlebnissen und aufregenden Abenteuern folgte. Allerdings hätte er ja dann schon bei der Platzwahl dem Radenkovic eine saftige verpassen können – völlig unvermittelt und die Freude des Überraschungsmoments genießend. Das hatte er aber nicht getan. Somit schied auch dieser Erklärungsversuch aus. Ich fragte mich, ob man die Theorien vielleicht doch nur bei dem Phänomen «Hooliganismus» anwenden konnte. Ich fragte mich weiter, ob es wohl von Vorteil wäre, wenn ich mir im Fach Mathematik genauso Gedanken machen würde wie hier auf dem Bolzplatz. Meine Antwort lautete: Keine Ahnung. Diese Antwort konnte man bestimmt auch mit Hilfe eines Modells analysieren. Hier fiel mir zum Beispiel die «Null-Bock-auf-Mathe-weil-es-irgendwie-langweilig-ist-und-man-es-später-eh-nicht-mehr-braucht»-These ein. Als ich endlich wieder zu mir kam, bemerkte ich, dass sich Sepp und Petar schon wieder friedlich in den Armen lagen. Na bitte, das «Gute-Freunde-kann-niemand-trennen»-Modell war doch das stärkste.

Trotzdem war ich verblüfft, wie präzise ich mir die Theorien aus dem Fernseher eingeprägt hatte. Zu Hause suchte ich meinen Bruder, der gerade eine blaue Sporttasche packte, da er am nächsten Tag in aller Frühe zu einem Auswärtsspiel unserer Mannschaft fahren wollte. Er hörte eine Rockband, die ich nicht kannte, die mich aber auch nicht so sehr ansprach, dass ich nach dem Namen fragen wollte. Ich legte mich auf sein Bett und schaute ihm zu. Er steckte auch eine Mappe mit Unterlagen ein.

«Ist das die Anfahrtbeschreibung zum Stadion oder der Schlachtplan für den morgigen Fight?», wollte ich wissen.

«Nichts von beidem.»

«Was ist es denn? Telefonlisten von gegnerischen Fans, damit ihr euch verabreden könnt?»

«Klappe! Es sind meine Studienunterlagen. Ich muss lernen», sagte er verärgert.

«Du lügst!»

«Ruhe. Ich lüge nie.»

«Du lügst schon wieder. Erst letztens im Wohnzimmer hast du gesagt, du prügelst dich nicht. Und du hast gesagt, dass es nicht gefährlich sei.»

«Mann, mach die Klappe dicht. Das ist es auch nicht. Und bevor du mich weiter nervst, hau ab.»

Ich war traurig. Das Thema wollte mir nicht aus dem Kopf gehen. «Im Fernsehen war das brutal. Die haben mit Flaschen und Gegenständen um sich geschmissen. Manche hatten Pistolen. Das sah alles verdammt gefährlich aus.»

«Jetzt pass mal auf.» Mein Bruder legte seinen Schal in die Tasche und kam zu mir aufs Bett. «Ich schwöre dir, dass das, was du im Fernsehen gesehen hast, meilenweit von dem entfernt ist, was wir machen. Wenn ich merke, es wird richtig gefährlich, dann flitze ich. Ich hau ab. Ich kann die Situationen einschätzen. Wir wollen nichts Brutales, wir sind aber auch keine Feiglinge. Wir hauen uns ab und an. Das ist echt alles.»

«Was ist, wenn deine Gegner Brutaleres wollen? Du kannst doch nie im Vorfeld einschätzen, wie gefährlich die sind! Oder sagst du, bevor ihr loslegt: ‹Ich hätte einige Ohrfeigen und Fausthiebe anzubieten, aber Messerattacken und abgebrochene Flaschenhälse verbitte ich mir›? Oder habt ihr Fahnen dabei, auf denen steht: B-Hooligans – bitte nichts Gefährliches! Oder was ist, wenn du am Boden liegst? Ab wann zählt denn der so genannte Ehrenkodex? Ab wann schlägt man wie fest wohin?»

«Wir haben alles unter Kontrolle. Wir schlagen nur Gleichgesinnte. Das ist gut.»

Ich war entsetzt.

«Gut? Würdest du dich als guten Hool bezeichnen? Die Guten, die sich nur untereinander prügeln und ansonsten nichts und niemanden beschädigen? Die Schlechten allerdings ziehen wie die Vandalen durch die Straßen, hauen alles kurz und klein, egal ob Ding oder Mensch? Bist du noch normal?»

Mein Bruder setzte sich mir gegenüber, und es wirkte so, als ob er zu überlegen begann. Er blickte an mir vorbei und schüttelte ganz leicht den Kopf. Geistesabwesend. Dann klopfte es an der Tür. Seine Freundin trat ein und fragte, ob sie stören würde. Mein Bruder blickte mir in die Augen, ganz kurz nur, dann sagte er:

«Natürlich nicht. Der Süße wollte eh gerade gehen.»

Ich verstand das Zeichen, sagte Hallo zu seiner Freundin und ging dann in mein Zimmer. Seltsam, dachte ich, hatte mein Bruder wirklich zu überlegen begonnen, oder war er nur genervt von meiner Fragerei? Ich konnte es nicht richtig einschätzen. Ich war aber auch von mir selbst überrascht. Diese kurze, aber deutliche Ansprache war aus dem Nichts gekommen, aus dem Off, aus dem Bauch heraus. Argumentativ hochwertig und die Wortwahl betreffend gar nicht schlecht. Und das von einem, der sonst eher mit Argumenten wie «Drei Ecken, ein Elfer», «Letzter Mann ist Torwart» oder «Muss zwei» um die Ecke kam.

Was mich trotz allem bei meinem Bruder schwer beeindruckte, war die Tatsache, dass er auf Auswärtsfahrten Unterlagen mitnahm, um in beengten PKWs oder Kleinbussen für seine Prüfungen zu lernen. In einem Fahrzeug, in dem wahrscheinlich eine wilde Horde Bier saufender Fußballfans Schlachtgesänge anstimmte. Mein Bruder passte so gar nicht zu dem Bild, das ich mir von einem echten Hooligan machte. Er war diszipliniert, von enormem Wissensdrang und nahm sein Studium ernst. Er trug keine Glatze oder Springerstiefel. Allerdings wurde im Fernsehen erklärt, dass Hooligans schwer zu erkennen sind. Sie trugen zwar keine Tarnklamotten, aber benutzten ähnliche Prinzipien. Er hatte nicht die typisch stoischen Gesichtszüge eines Schlägers, der mit aller Macht versuchte, jemandem Schmerzen zuzufügen, nur weil er einen anderen Verein unterstützte. Ich konnte mir nicht vorstellen, wie mein Bruder seine konservative Einstellung zum Lernen in eine vorwettkampfähnliche Anspannung umwandelte, um dann in einer Straßenschlacht eine Gewalt verherrlichende Ader zu offenbaren. Ich stellte mir dieses Potenzial als eine Art Verrohung der Tugenden vor. Das erschreckte mich sehr. Einfach den Schalter umlegen und dann losprügeln. Schalter zurück und wieder Normalität annehmen. Aber was war normal – und was nicht normal? Nach seiner eigenen Einschätzung war mein Bruder die Normalität in Person, ein Normalo, ein 08/15. Mich strengten die Überlegungen so sehr an, dass ich einfach beschloss, ihm zu vertrauen.

Ich legte mich auf mein Bett und studierte mein

Panini-Album. Da mich zu diesem Zeitpunkt die Fußballprofis in Fotoform nicht sehr begeisterten, machte ich mich daran, die Physikhausaufgabe zu lösen, die wir über das Wochenende aufbekommen hatten. Ich und Hausaufgaben am Freitagabend … Das war seltsam. Etwa so, als würden drei deutsche Spieler zur selben Zeit für, sagen wir mal, Inter Mailand spielen. Trotzdem versuchte ich mich mit der Physikaufgabe abzulenken. Aha, Actio gleich Reactio. Also, wenn mir einer einen Schlag verpasst, dann schlage ich mit der gleichen Wucht zurück? Verdammt, da war sie schon wieder, die Gewalt. Selbst bei der Physikaufgabe ging es um Aggression. Wo soll das nur hinführen, dachte ich mir.

Als mein Bruder am Sonntag unversehrt und ohne Blessuren wieder zu Hause erschien, schob ich die Bedenken, die ich über das Wochenende gehegt hatte, beiseite. Vielleicht war die Unterstellung, mein Bruder sei ein Krimineller, unangebracht. Er war mein Bruder. Und er hatte den 2:1-Auswärtssieg unseres Vereins mitgebracht. Mein Lieblingsspieler markierte einen Treffer. Auch ich erreichte an jenem Wochenende mit meiner Jugendmannschaft ein verdientes 2:0 gegen den Tabellenführer, zu dem ich ein Tor beisteuerte. Das bedeutete, dass mein Name am Montag neben dem meines Helden in der Zeitung stehen würde. Vielleicht mit den abschließenden Worten:

Und beide Spieler unseres Vereins mit der Nummer 6 – ich trug auch diese Nummer – *zeigten überragende bis Weltklasseleistungen. Ihre ähnliche Spielweise lässt vermuten, dass sie einige gemeinsame Trainingseinheiten bestritten haben. Beide Spieler erhalten vom Bundestrainer eine Einladung zum Länderspiel gegen Frankreich. Ihre kreative und frische Spielweise soll, laut Teamchef, mehr Elan und schwungvollen Offensivfußball in die Nationalmannschaft bringen. Beide Spieler reisen am kommenden Mittwoch ins Trainingslager nach Königsberg.*

Oder so ähnlich.

Ich musste allerdings nach meinem Tor ausgewechselt werden, da ich mich bei meiner Jubelarie völlig verausgabt hatte. Als ich das Netz zappeln sah, drehte ich erst einmal mit ausgestreckten Armen ab, so wie Carecas Flugzeugjubel. Danach fiel ich in einen Tardelli-gleichen Freudentanz – Weltmeisterschaftsfinale 1982. Hände, typisch Italiener, zur Rose geformt und halb weinend mit aufgerissenem Mund den Kopf geschüttelt. Alles in vollem Lauf. Ich deutete einen Hugo-Sanchez-Salto an, der eher wie ein Purzelbaum nach voll durchgezogener Genickwatsche aussah als nach einer ästhetischen Überschlagspirouette. Dann folgten Gerd Müllers Luftsprünge – WM-Finale 1974, an die ich sofort einige hochgereckte Mittelfinger anschloss. Womöglich, um dem Gegner durch Gestik mitzuteilen: *Ha, ihr und Tabellenführer! Wir zeigen euch, wie die Kulle läuft.* Um die Freude abzurunden, lief ich noch salutierend an den Eltern und Bekannten der gegnerischen Mannschaft vorbei, um dann vor meinem Trainer völlig erschöpft auf die Knie zu fallen.

Ich japste: «Tor! Eigentlich ganz geil.»

Mein Trainer lobte mich: «Superding! Und jetzt aber wieder auf den Platz zurück.»

Mit letzter Kraft schüttelte ich den Kopf. «Auswechseln …» Ich rollte, aus letzter Lunge pfeifend, meinen Körper über die Seitenlinie ins Aus. Die letzten fünf Minuten spielte statt meiner ein Verteidiger, der den Sieg sicherte. Das Wochenende war gerettet. Ein absoluter Höhenflug – sportlich gesehen.

Einen «feierlichen» Höhenflug verschaffte uns die Tatsache, dass unsere Eltern das Wochenende darauf einen Ausflug in die Berge machten. Was bedeutete, dass wir uns drei Tage selbst zu verpflegen hatten. Mein Bruder versicherte meinen Eltern, die Selbstverpflegung sei kein Problem und sie müssten Oma auf keinen Fall Bescheid geben – was im Klartext hieß: Die Hütte brennt. Und die Hütte brannte.

Ich war mir bis dahin noch nicht bewusst gewesen, wie viel Liter Flüssigkeit in einen menschlichen Körper passen. Anhand einiger Beispiele an jenem Abend ahnte ich jedoch, dass der Mensch von einer dehnbaren Hülle umgeben ist. Aber auch, dass der übermäßige Konsum von Alkohol in jeglicher Form, Putzmittel einmal ausgenommen, auch rückführende Wirkung haben kann.

Niemand konnte genau nachvollziehen, woher die Massen kamen, die unser Haus an jenem Freitagabend belagerten. Freunde brachten Freunde mit, die wiederum Freunde mitbrachten, die wildfremde Leute auf der Straße aufgabelten. Diese Wildfremden brachten dann auch noch Freunde mit. Dralle Weiblichkeiten, vor denen ich mich ängstigte, forderten mich zum Tanzen auf. Wild gewordene Halbstarke soffen Bier aus Putzkübeln und Blumenkästen. Einige seltsame Gestalten inhalierten in dunklen Ecken stinkenden Qualm. Nach dem Zigarettenkonsum wirkten sie äußerst gelassen, schielten allerdings nur noch müde in den Raum hinein. Das Haus war besetzt. In den verschiedenen Zimmern vergnügten sich heterosexuelle Pärchen, egal ob verliebt, verlobt, verheiratet oder der eine verliebt, die andere verheiratet. Im Wohnzimmer, dem eigentlichen Zentrum der Tanzaktivitäten, brach die Hölle los. Warnende Hinweise meines Bruders, keine Zigaretten auf den Boden zu schmeißen, gingen in dem Gebrüll von Bruce Dickinson und Udo Dirkschneider unter. «Balls To The Walls» hallte es durch unser Zuhause, und die Leute waren kurz davor, diese Aufforderung in die Tat umzusetzen. Wir konnten in letzter Minute den einen Keramikbierkrug oder das andere Porzellandöschen retten. Hasardeure der Liebe, Kosaken der Unvernunft schmissen sich über die rauchende Tanzfläche. Derwisch Mensch war erfunden, angetrieben von der Kraft der Musik.

Im Brennpunkt des Wahnsinns zirkulierten kreative Ausdruckstänzer, rockende Luftgitarrespieler, zu denen ich zählte, Pistolen schwingende Herumtreiber, kreischende Fastzwanziger. In den Suburbs des Geschehens, also am Rande des Parketts, tummelten sich fortwährende Bierschlürfer, Dauerküsser, faule Spanner, Kopfnicker, Arschzwicker. Leidenschaftliche Paare deuteten zackige Hüftbewegungen an. Die Jungs verbargen den Drang zur Berührung der weiblichen Brust nicht einmal im Ansatz. Mir war dieses Unterfangen noch nicht geglückt, allerdings war mein Bestreben danach auch nicht in einem Maße ausgeprägt, dass es ganz oben auf der Tagesordnung gestanden hätte. Zwar spähte ich schon verstohlen in die Richtung der heißen Begebenheiten, doch nach kurzer Zeit widmete ich mich wieder dem Dance-Floor. Dieser war oftmals besetzt von bemerkenswert hübschen Mädchen, vor denen ich oft den exzessiven Höhepunkt meiner Gitarren-Show präsentierte. Sie honorierten meinen Einsatz mit einem netten Lächeln. Ich erwiderte es durch schüchternes Kopfnicken. Meine ersten Flirts mit Älteren! Der Süße auf Achse. Die Freundin meines Bruders verführte mich hin und wieder zu einem Stelldichein inklusive rhythmischer Tanzgymnastik. Es war herrlich und aufregend. Zwischendurch fungierte ich als DJ und legte die Hits auf, wie mein Bruder es mich gelehrt hatte. Die meisten sorgten für Stimmung. «Hells Bells» und «T.N.T», «Magic Bus» und «I Can't Explain», «We Are The Champions» und «We Will Rock You». Bei Letzterem fielen alle, die der Alkohol noch nicht zu Boden gerafft hatte, auf die Knie und klopften den Rhythmus mit den Händen. Dabei wurden bei den ersten beiden Schlägen auf den Boden geklopft, den finalen Schlag des Takts imitierten dann Handflächentreffer. Gebrüllt wurde mit jedem zur Verfügung stehenden Stimmband. Um dramaturgisch noch eins draufzusetzen, legte ich mit «I Love Rock'n'Roll» nach. Versoffene Kehlen schmetterten den Refrain und menschliche Gummigeschosse schossen durch den kochenden Raum. Hier steppte der Adler. Vom Papst ganz zu schweigen. Alles klappte, ich war heldenhaft unterwegs, durfte nur nicht den Anschluss verlieren. «Fight For Your Right» lautete das Programm dieser willkürlichen Zusammenkunft. «Sheena Is A Punkrocker» fegte orkanartig durch die Bude. «God Save The Queen» forderte Verletzte. Bei «Opel Gang» bildete sich ein wütender Moshpit, der ein Lied später, es muss «Nellie The Elefant» gewesen sein, in sich zusammenbrach.

Die späte Nacht trennte die Spreu vom Weißbier. Die Harten und Mutigen kämpften weiter, ob von der Liebe zur Musik angetrieben oder von dem unbändigen Willen, sich die Lippen mit noch mehr Spirituosen zu benetzen. Einige schliefen in gepolsterten Ecken oder in irgendwelchen kalten Winkeln, die die Wohnung zu bieten hatte. Einer versuchte sogar, sich im Backofen einen Schlafplatz zu organisieren. Vergebens. Viele verließen den Ort des Geschehens. Gestützt von nicht weniger Gehbehinderten, getragen auf Händen oder getrieben von der Müdigkeit. Die Standhaften begrüßten den neuen Tag mit einem dreifachen «Zickezackezickezacke HEY HEY HEY», um dann die Party für beendet zu erklären. Ich war bis dahin nur einmal so lange wach gewesen – im Zeltlager mit dem Fußballclub. Aber nur, weil ich nicht schlafen konnte. Damals, im Alter von sieben Jahren, wirkte die Kassette «Dracula und Frankenstein – Die Blutfürsten» alles andere als einschläfernd auf mich. Doch dieses Mal war ich aus eigenem Antrieb mit dabei. Mein Bruder achtete sehr auf mich und sorgte dafür, dass ich nicht mit Alkohol in Berührung bzw. Verbindung kam (und somit einem teuflischen Pakt ausgeliefert war). Er war sehr fürsorglich, ebenso seine Freundin, obwohl man beide nicht mehr als nüchtern bezeichnen konnte. Ich hatte allerdings schon drei, vier Schlucke von einem Bier probiert. Mein Resümee diesbezüglich: Es schmeckte nicht wie eine Sinalco, aber auch nicht wie Lebertran. Lecker war was anderes, aber ätzend auch.

Vorweggenommen: Der Schaden hielt sich in Grenzen, überraschenderweise. Keine Brandlöcher in Teppich oder Gardinen. Keine zerbrochenen Gegenstände. Keine abgerissenen Tapeten. Keine an die Wand genagelten Nachbarskatzen. Nur die Glasplatte unseres kleinen Fernsehtisches zerbrach, als ein kleiner, dicklicher Kumpel meines Bruders daraufstürzte. Von dem Lied «Spanish Bombs» aus dem Gleichgewicht gebracht, katapultierte der schwere Körper auf das Tischchen. Glas zerbarst und Ellbogen bluteten. Aber der Zufall eilte uns bei der Beseitigung des Schadens zu Hilfe. Ein weiterer Freund meines Bruders konnte sich entsinnen, dass seine Familie im Keller den gleichen Tisch stehen hatte, der seit längerer Zeit auf Grund seiner Hässlichkeit ausgemistet werden sollte. So wurde die Glasplatte am nächsten Tag einfach ausgetauscht.

Zwei interessante Erkenntnisse brachte dieses Ereignis mit sich: Erstens, man konnte sich auf seine Freunde verlassen. Zweitens, wir hatten ein Möbelstück im Wohnzimmer, das andere Menschen seit Jahren loswerden wollten.

Die weiteren Aufräumarbeiten erwiesen sich überraschenderweise nicht als schwierig. Einige fleißige Helfer, die die Nacht in unserem Haus verbracht hatten, beeilten sich, mit uns leere Flaschen, halb volle Gläser, benutzte Taschentücher und schmutziges Geschirr aufzuräumen oder zu säubern. Die Sitzmöbel wurden in den ursprünglichen Zustand versetzt. Im Garten wurden Zigarettenstummel, Flaschen und Gartenmöbel eingesammelt. Ein Klappstuhl befand sich auf der Buchsbaumhecke. Unseren grünen Sonnenschirm mussten wir vom Hausdach fischen. Wir trugen einen bunten Berg vergessener Klamotten zusammen und öffneten alle Fenster des Hauses. Zur Regulierung der Luftverhältnisse.

Im Keller fanden wir einen Wildfremden, der im Schlaf wirres Englisch brabbelte: «You Can Slide Me The Back Down If You Want Make Me An X Before

An U. I Tell You From Where The Wind Blows If You Don't Let The Church In The Village. It Really Goes Me On The Alarm Clock When You Always Let The Five Be Straight. And I Tell You: With Me Is Not Good Cherry Eating. This Is So Sure Like The Amen In The Church …» Als mein Bruder ihn aufweckte, blinzelte er mit verquollenen Augen und flüsterte mit rauer Stimme: «Hell On Earth, What An Atomic Headache.» Es stellte sich heraus, dass er am Abend zuvor seiner englischen Freundin die Leviten hatte lesen wollen und sich dafür im Keller mit Kirschwasser Mut angetrunken hatte. Entschuldigungen murmelnd torkelte er die Kellertreppe hoch und verließ so den Ort des Deliriums.

Nachdem wir aus einem Schlachtfeld wieder ein bewohnbares Einfamilienhaus hergestellt hatten, zog es uns ins Stadion. Denn obwohl wir eine harte Nacht hinter uns hatten, wollten wir unseren Verein unterstützen. Es gelang uns allerdings nicht mit der gewohnten Lautstärke, mit der üblichen Leidenschaft, mit der obligatorischen Untertänigkeit und der extrovertierten Hingabe, die man eigentlich zu hundertfünf Prozent von uns erwarten konnte. Aber in diesem besonderen Fall zählte auch Anwesenheit. Ich war nur müde, mein Bruder hatte jedoch schwere Kopfschmerzen und präsentierte sich an dem Tag nur als «Kuttenfan», der ein mattes, torloses Unentschieden genauso überflüssig fand wie seine pumpenden Schläfen.

Am Sonntag musste ich ein Auswärtsspiel bestreiten. Die Fahrt von etwa 25 Kilometern nutzte ich, um meinen Kameraden von der Party am Freitagabend zu erzählen. Gespannt verfolgten sie jedes Wort, und nur selten kassierte ich Zwischenkommentare der

Marke: «Nee, das glaub ich jetzt nicht», «Bier? Nie probiert», «Du lügst doch!», «Ach du heiliger Bock. Alles Busenschufte!» oder «Mann, sag beim nächsten Mal Bescheid.» Selbst in der Umkleidekabine schmückte ich noch das eine oder andere Erlebnis aus und deutete mit den Stutzen in den Händen diverse Ausdruckstänze an. Den Anstoß verpasste ich völlig, da ich meinem Linksaußen gerade gestenreich erklärte, wie unser Wohnzimmertisch zu Bruch ging.

Das Spiel gewannen wir leicht mit 5:0. Durch einige Tricks, die ich mir am vergangenen Abend auf der Tanzfläche abgeguckt und etwas transformiert hatte, schlenderte ich zu meiner Verblüffung spielend leicht durch die Abwehrreihen. Eine Mischung aus azyklischen, abgehackten Bewegungen und tänzerischen, ballettartigen, leichtfüßigen Movements gewährte mir viel Freiraum und die nötigen Körpertäuschungen. Ich war kurz davor zu glauben, ich hätte eine neue Art Fußballspiel entdeckt. Als es mich dann aber nach einer Pirouette «aufmaulte», beschloss ich, den Gedanken sofort wieder zu verwerfen. Kurz darauf gelang mir ein Treffer, doch als ich meinem Jubel in Form der freitags gesehenen Hüftbewegungen Ausdruck verlieh, schüttelten alle angewidert den Kopf. Entweder musste ich diesbezüglich noch üben, oder diese Bewegungen waren einfach grundsätzlich vulgär, liederlich und frevelhaft.

Der Freitagabend bewies allerdings, dass meine musikalische Ausbildung – wenn auch nicht die instrumentale – durchaus einen Status erreicht hatte, mit dem andere Menschen als DJs Geld verdienten. Dass ich die Stücke so kreativ und abwechslungsreich auflegen konnte, verdankte ich der Ausbildung durch meinen Bruder, der mich noch Wochen später ermahnte, den Mantel des Schweigens über jenem Abend nur ja zugeknöpft zu halten. Er hatte keinen Grund dazu. Ich war genauso wenig wie er daran interessiert, dass unsere Eltern von der ausgelassenen Stimmung in ihren selbst aufgebauten vier Wänden erfuhren. Doch das Schicksal schenkte ihnen eine schöne Steilvorlage als Hinweis, den sie jedoch nicht zu verwerten wussten. Sie fanden unter ihrem Bett ein Damenunterhöschen, das aufgrund der Größe und der Farbkombination nicht zum Eigentum meiner Mutter gehören konnte.

«Was ist das?», fragte Mama meinen Bruder am Frühstückstisch.

«Kellogg's», sagte er. «Mit Milch und Banane.» Er grinste über seine Antwort.

Doch Mama wiederholte: «Was ist das? Das hier in meiner Hand?»

Jetzt schaute mein Bruder zum ersten Mal auf. «Na was wohl? Ein Kleidungsstück für die Taille.» Gleich darauf muss er erkannt haben, dass das Textil nicht meiner Mutter gehören konnte. Ein Ansatz von Blässe huschte über sein Gesicht. Mama wandte sich erst gar nicht an mich, weil sie mich wohl aufgrund des Beweismittels für unschuldig hielt.

Sie entgegnete: «Was hat das in unserem Schlafzimmer verloren?» Ich erfasste die Situation blitzschnell, wohingegen mein Bruder empört aufschreien wollte: «Das waren wir nicht!» Er kam bis zum «Wir». Dann fiel ich ihm lautstark mit einem hysterischen Lachen ins Wort. Ich zeigte mit dem Mittelfinger auf ihn und sagte gurgelnd: «Ihr habt wohl im Eifer eures Geschlechts die Schlafzimmer verwechselt.» Spätestens jetzt kapierte mein Bruder die Brisanz der Angelegenheit. Er musste wohl oder übel mitspielen, wenn er uns nicht verraten wollte. Ein schüchternes Lächeln umspielte seinen Mund. Nun lachte auch Mama und schleuderte das Corpus Delicti in Richtung meines Bruders.

«Sorgt wenigstens dafür, dass ihr danach wieder eure Klamotten anzieht. Oder sie zumindest nicht liegen lasst.»

«Ja, Mama. Entschuldigung.» Mit diesen Worten beseitigte er den letzten Hinweis auf ein Spektakel, von dem meine Eltern nie erfuhren. Stattdessen mussten mein Bruder und seine Freundin von dem Tag an mit der Unterstellung leben, dass sie das Elternschlafzimmer zum Ort ihrer körperlichen Vereinigung gewählt hatten. Unsere Mutter ging mit diesem Thema sehr gelassen um und erwähnte jedes Mal, sie hätten früher auch verrückte Sachen gemacht. Für die zwei Angeklagten war die Sache natürlich ganz schön peinlich, doch nach kurzer Zeit war auch diese Geschichte in Vergessenheit geraten. Es lebe die Veranstaltung von geheimen Privatfesten!

Eric Cantona, F

Ein Tank im Mittelfeld. Trotzdem technisch versiert und mit gutem Auge. Allerdings ein Bösewicht des Fußballsports. Er attackierte einen pöbelnden Fan nach einer Beleidigung mit einem Fußtritt. Der irischen Band Ash verweigerte er das daraus resultierende berühmte Foto als Plattencover für ihre Single «Kung Fu» mit den Worten:
«I spit on your record!»
Mittlerweile ist er ein erfolgreicher Beach-Soccer-Spieler. Ich würde ihn jederzeit zum Sand-Duell fordern, trotz seines gefährlichen Rufs.
Erfolge als Nationalspieler bei großen internationalen Turnieren: ./.

Erster Verein:

07/83–06/88 AJ Auxerre

Letzter Verein:

11/92–06/96 Manchester United

*24.05.1966
Größe: 188 cm
Gewicht: 84 kg
45 Länderspiele für Frankreich

Eines verregneten Tages begab ich mich nach dem Mittagessen in die Stadt. Mein Gefühl verriet mir, dass ich an diesem Tag in die Reihen ernst zu nehmender Musiker aufsteigen sollte. Ich hatte auf unserer Party als DJ und musikalischer Anheizer bestens funktioniert, jedoch verspürte ich die Bestimmung, mehr zu können als nur Platten aufzulegen. Auch die regelmäßig abgehaltenen *Lessons In Rock* mit ergiebiger Performance bestärkten mich in meinem Vorhaben.

In diesen *lessons*, die wir ungestört in einem unserer Zimmer abhielten, lernte ich von Lehrer «Bruder» die Verschiedenartigkeit von Rockmusik. Die unterschiedlichsten Stile konkurrierten miteinander, gingen aber auch die verrücktesten Symbiosen miteinander ein. Hier erfuhr ich zudem viel über den Variantenreichtum in der Handhabung diverser Instrumente.

Es gab Musiker, die eher als Handwerker bezeichnet werden konnten, weil sie auf ihr Schlagzeug einhackten wie kanadische Lumberjacks auf ihre Ahornbäume oder auf die Geliebten ihrer Ehefrauen. Andere Schlagzeuger hätten dagegen anstelle von Drumsticks rohe Spaghetti oder Salzstangen verwenden können, da ihre Ausholamplitude die Breitseite einer Briefmarke nicht überschritt. Für diese Drummer hatte ich nur eins übrig: Verachtung!

Es gab filigrane, virtuose Tüftler am Gerät, die ihre Gitarren leichtfingerig und liebevoll streichelten und ihnen dennoch ohrenbetäubenden Lärm entlockten. Die Hände krabbelten wie Spinnen über die vibrierenden Saiten. Aber es gab auch Gitarristen, die das Gitarrenbrett durch dauerhaftes Schrubben in Schutt und Asche legten.

Und dann die Sänger, die wahre Arien ins Mikro hauchten, und andere, die mit so großem Lungenvolumen und gewaltigem Ausbruch schrien, dass sich die Stimmbänder um den Mikrophonkopf wickelten.

Bassisten standen entweder völlig regungslos, ja teilnahmslos wirkend am Bühnenrand oder feuerten sich selbst über die Bühne, als hätten sie einen Sack Flöhe in der Hose. Wo der Sack herkam? Na, vom Kopf! Denn Bassisten hatten immer die schlimmsten, extrovertiertesten, verrücktesten und im wahrste Sinne des Wortes haarsträubendsten Frisuren der Band, die entweder einem Läusehotel, einem auftoupierten Golden Retriever, einer Wollexplosion oder einem italienischen Pastagericht glichen. Paul Breitner, die alte Fusselbirne, hätte sich in seinen wilden Jahren gut als Bassist in eine Band integrieren lassen.

Keyboarder gab es auch. Aber wer will sich schon über Keyboarder Gedanken machen? Das waren diejenigen, die entweder das meiste Geld besaßen und nur deswegen eine Funktion in der Band innehatten (Equipment kaufen, Benzin für Konzertfahrten bezahlen, Proberaummiete begleichen etc.), oder sie waren der Bruder vom Sänger, der aus familiären Gründen diesen Job vergeben musste. (Mama: «Und nimm deinen kleinen Bruder mit, hörst du?» Sänger: «Wenn's sein muss.») Wohlgemerkt: Wir analysierten Rockmusik und keinen Elektropop.

Ebenso interessant war die Erkenntnis, dass sich Rockstars offenbar sehr gern und im Übermaß mit Alkohol und Drogen abfüllten. Da gab es Bands, die diesbezüglich unerreicht waren. Ich lernte auch einiges über die (zufälligen) Suizide ihrer jeweiligen Musiker.

Dabei gab es auch einige Überraschungen. Die Methoden, mit denen sich schon viele bekannte Menschen absichtlich oder durch Unachtsamkeit, aber immerhin durch eigenes Zutun um ihr Rockstarleben gebracht hatten, reichten von Drogenmissbräuchen à la «Golden Goal» (Mehr Heroin als Blut im Körper? Das dürfte doch zu schaffen sein!) bis hin zu bizarren Verkehrsunfällen (Da springe ich doch mal vor unseren eigenen Tourbus!).

Da ich mir zu einem Großteil des höchstmöglichen Prozentsatzes sicher war, dass ich niemals auf eine solch skurrile oder trostlose Art sterben würde, ging ich den selbstverständlichen Weg des ambitionierten Jungmusikers. Ich benötigte mein eigenes Identifikationsmedium «Instrument». Mein Bruder erläuterte mir die verschiedenen Möglichkeiten, wie man jedes einzelne für uns wichtige Instrument betätigen konnte und welche Folgen das im Zweifelsfall mit sich brachte. Für die Beschaffung war ich jedoch selbst zuständig.

Meine gesamten Ersparnisse befanden sich in meiner Jackentasche. Das Budget war gar nicht so klein und setzte sich aus Geldgeschenken von diversen Familienmitgliedern zusammen. Da griff hier ein Onkel in den Geldbeutel, steckte mir dort eine Oma ein Scheinchen in die Hosentasche. Man zog das Papier aus der Hose und guckte enttäuscht. Dann gab es noch mal einen Schein. Größer als der vorherige. So läpperte sich eine ansehnliche Summe zusammen. Einige Kröten gingen natürlich für ein, zwei Fußballtrikots drauf – wichtige Errungenschaften, um auf den Bolzplätzen der Erde Stärke, Macht und Überheblichkeit (im Falle von Brasilien- oder Maradonatrikots) zu verkörpern. Gern gesehene Mannschaftstextilien waren zu jener Zeit auch die gelben Leibchen mit der lustigen und für Leistungssport kurios beflockten Werbung «Jägermeister», mit dem zum Beispiel Manfred Tripbacher und Peter Lux ihre Gegner in den Bundesligastadien auf die Hörner genommen hatten. Ebenfalls begehrt: die gelb-schwarzen Uhu-Trikots, in denen Manni Burgsmüller oder Albinodribbler Rolf Rüssmann den Ball am Fuß kleben hatten. Ich besaß sogar einmal ein Tony-Woodcock-Trikot mit der HIFI-Werbung «Pioneer» und tanzte so die Gegner aus, als ob ich selbst eine Musikbeschallungsanlage wäre. Fußball und Musik gingen miteinander einher – dieses Beispiel war der Beweis.

Aber den Großteil des Geldes hatte ich immer für etwas ganz Besonderes aufbewahren wollen. Und nun war der Zeitpunkt für dieses Besondere gekommen.

Den Plan, mich an diesem Tag mit einem Musik-Equipment auszurüsten, das mich auf die Bühnen der Welt katapultieren sollte, hatte ich niemandem mitgeteilt. Mein Weg führte mich zu einer von drei Musikalienhandlungen in der Stadt. Ich wollte Musiker werden. Einer, zu dem man aufschaute. Nicht, dass ich das Vorhaben, ein ruhmreicher, vergötterter Fußballer zu werden, komplett ad acta gelegt hätte. Ich hatte es nur sozusagen – verschoben, auf später. Ich wollte in diesem Moment eher meiner Liebe zur Klangwelt Ausdruck verleihen und Musiker werden.

Einer, der für Furore sorgte.

Einer, dem man bis zur Bewusstlosigkeit huldigte.

Einer, der seinen Namen ändern musste, weil sein Briefkasten vor Fanpost explodierte.

Einer wie keiner – oder zumindest wie nur einige wenige.

Einer, über den man in 30 Jahren noch sagt: «Mensch, der war vielleicht ein gerissener Hund!» Oder so.

Gleich am Eingang des Ladens befand sich ein Korb mit den verschiedensten Rasselinstrumenten. Herkömmliche Rasseln, verschiedenfarbige Shaker, Rasseln als Ei getarnt, Rasseln in Gurkenform, Rasseln als Bären, eine Autorassel. Der reinste «Rasselismus». Ich schlenderte weiter durch die Gänge und überprüfte jedes Instrument genau, immer meinen zur Verfügung stehenden Geldbetrag im Hinterkopf. Vorsichtig und sehr aufmerksam bewegte ich mich durch die Gänge, die mit mannshohen Regalen und Instrumententürmen gesäumt waren. Blasinstrumente? Eine Trompete? Ein Saxophon? Nein – ich wollte ja nicht Max Greger werden. Außerdem viel zu teuer. Außerdem kein Rock. Ich wollte leidenschaftliche, laute Musik mit Drang zur Ekstase spielen. Bass? Ich kannte die Bassspielerwitze und wollte kein Teil davon sein. Schlagzeug? Schlagzeuger gelten als Tiere. Als maskuline, starke, verrohte Typen. Angesehen als Antreiber, Taktgeber, Brecher und Extrovertierte. Das wäre etwas. Aber wo sollte ich dieses laute, Platz raubende Instrument aufstellen? Nicht in unserem Haus, so weit konnte ich meinen Vater einschätzen. Ferner war ein Schlagzeug ebenfalls zu teuer. Also leider kein wilder Trommler. An den perkussiven Instrumenten wie Congas, Bongos, Tamburin und Timbales spurtete ich vorbei. Nichts gegen

Nippi Noya, aber kennt den Mann irgendwer? Eben. Aus einem entfernten Eck blitzten die Gitarren hervor. Na klar, dachte ich, Gitarristen sind die Dukes.

Die Chefs.

Die Helden.

Die Leader.

Die Solisten.

Die Checker.

Die Kenner.

Die Mogule.

Die Magier.

Die Wichtigen. Das wäre doch etwas. Und es gab auch wirklich preiswerte Exemplare. Ich hob ein solches Instrument an und begutachtete es genau. Schwarz mit weißem Tablett, oder wie man das nannte. Ein griesgrämiger, Pferdezopf tragender Verkäufer ließ sich blicken und verkündete gleich, dass er meine Aktion nicht gutheißen konnte. Von weitem rief er schon:

«Hör mal, Junge, eine Gitarre ist kein Spielzeug!»

Ich entgegnete: «Das ist mir bewusst. Fußball ist ja auch kein Triathlon.»

«Dann stell das gute Ding mal wieder hin», forderte er.

Ich tat wie befohlen und fragte erstaunt: «Kann man bei Ihnen denn nichts kaufen?»

«Dumme Frage. Wo ist denn dein Vater? Oder die Mutter?»

Der Typ hatte offenbar etwas gegen ehrgeizige Emporkömmlinge und nahm mich eindeutig nicht als zahlenden Kunden ernst.

Ich sagte: «Papa besäuft sich in der Bahnhofskneipe und meine Mama bedient ihn dort.»

«Na gut, mein Junge, die Tür ist dort hinten und nun

mach, dass du wegkommst. Wir sind ein renommierter Musikladen und keine Spielothek.»

Achselzuckend zog ich von dannen und drehte mich an der Tür noch einmal um. Ich wollte irgendetwas Gemeines sagen. Mir fiel eigentlich nur «Hoeneß» ein, und das sagte ich dann auch, bevor ich die Tür hinter mir zuknallte. Ich überlegte noch, ob als abschließende Aktion Mittelfinger durch das Schaufensterglas, Nase drehen oder Zunge raus angebracht wären. Ich beschloss, das trockene «Hoeneß» reichte aus.

Das nächste Instrumentengeschäft war nicht allzu weit entfernt, und ich schlenderte zu Fuß dorthin. Als ich eintrat, kam mir die Erleuchtung. Sänger! Das wollte ich sein. Ein Sänger.

Der Boss, nicht der Checker.

Der, der im Mittelpunkt steht.

Der, der die Mädchen abgreift.

Der, dem alle zuhören.

Der, der das Sprachrohr darstellt.

Der, der gewisse Privilegien genießt.

Der, bei dem man noch in 30 Jahren sagt: «Mensch, der war vielleicht ein gerissener Hund!» Oder so.

Die Stimme. Das war es, was mich begeisterte. Einem etwas stupide wirkenden älteren Verkäufer erklärte ich anhand von gestenreichen Beispielen mein Anliegen. Ich erzählte von meiner Idee, die Welt zu verändern. Geschichte zu schreiben, indem ich Geschichten schrieb. Lieder über Liebe, Triebe, Diebe und Hiebe. Große Momente wollte ich erschaffen. Der Mann nickte verständnisvoll und tat kumpelhaft. Mit einem Mikrophon in der Tüte verließ ich den Laden. Das war der erste Schritt in Richtung Weltkarriere. Ein Mikrophon und eine Portion Willen. Mehr brauchte ein Sänger nicht. Außerdem müssen Sänger im Gegensatz zu anderen Musikern nie schwer tragen. Einfach ein Mikrophon dabei, und die Show konnte beginnen. Ein Traumjob. Dachte ich.

Natürlich war es wieder mein Bruder, der mich aufklärte.

Zu Hause packte ich das Mikro aus und legte mich ins Zeug. Erst versuchte ich, mit begleitender Musik meine Stimme zu testen. Später wollte ich ohne weitere Hilfsmittel eruieren, für welche Tonlage mein Organ geeignet schien. Ich begann mit einfachen englischen Textpassagen, die ich melodiös zu untermalen versuchte: «I'm walking down the streets and I'm insane in the brain.»

Immer das Mikrophon in der linken Hand. Mit der Rechten griff ich zeitweise in die Luft und vollführte Zugbewegungen, so, als würde ich ein Vis-à-vis am Kragen packen und an mich ziehen. Ich deutete mit ausgestreckten Zeige- und Mittelfingern in die Zimmerecken, die hysterische, erste Reihe vor meinem geistigen Auge. Ohne Unterlass sang ich in den durch Eigenfinanzierung erworbenen Metallkolben.

Nur irritierte mich, dass aus dem Mikrophon keine deutliche Lautstärkesteigerung zu vernehmen war. Hatte wohl das Kabel, das bei den Profis immer aus dem Mikro raushängt, vergessen. Mein Bruder unterbrach meine Überlegungen zur Fehlerursache, indem er in mein Zimmer trat.

«Was hast du denn da?», wollte er erstaunt wissen.

«Eine Handgranate», antwortete ich frech.

«Sieht eher aus wie ein Mikrophon», sagte er.

«Na, ist ja auch eins.»

«Oh, will er unter die Sänger gehen?» Ich hasste es, wenn er in der dritten Person von mir sprach. Es implizierte immer eine herablassende Kritik und/oder

Niederträchtigkeit, die ich nur selten ebenbürtig zu kontern vermochte. Gereizt entgegnete ich:

«Bevor du dumm daherredest, kannst du mir lieber sagen, warum aus dem Ding kein Ton rauskommt.»

Er schaute mich mit großen Augen an. Dann erschien ein fieses Grinsen in seinem Gesicht. Amüsiert fragte er: «Du dachtest, du kaufst dir ein Mikro und da kommt deine Stimme raus?»

Achtung: peinlich!

«Äh ... nein, natürlich nicht. Also nicht direkt. Also so halt aus ... irgendwie dachte ich ... ich ... äh ...»

«Du brauchst eine Anlage dazu. Du benötigst einen Verstärker und Boxen, Mann! Wie soll aus dem Ding denn sonst was zu hören sein?»

Diese Schmach war noch Jahre später ein beliebtes Thema, mit dem man bei langweiligen Familienabenden für heitere Stimmung sorgen konnte.

Mein Bruder ging mit mir zum Instrumentenfachgeschäft, rügte den Verkäufer und warf ihm Kundenbetrug vor. Er forderte das bezahlte Geld zurück. Als wir den Laden verließen, rief er noch «Hoeneß!» über die Schulter. Hehehe. Auf dem Heimweg erzählte ich ihm von meiner Idee, die mich als große Rocknummer auf die Titelblätter der Fachmagazine bringen sollte.

Er erwiderte: «Alles klar, ist OK. Träume sind niemals Schäume, und wenn irgendjemand träumen darf, dann sind wir das. Aber ein Mikrophon ist eben die blödeste Wahl gewesen.»

«Die Wahl war grundsätzlich schwierig. Bei der Knete, die ich dafür zur Verfügung hatte.»

Natürlich war ich zufrieden, als ich mein Geld wiederhatte und nicht mehr dieses Instrument besaß, das gar keines war. Drei Tage später lagen ein Paar Schlagzeugstöcke auf meinem Bett. Ich versuchte gleich einige Bonham-artige Wirbel. Sofort bemerkte ich die besondere Chemie, die sich zwischen diesen beiden zurechtgedrechselten Holzscheiten und mir entwickelte. Sollte meine musikalische Aktivität doch in Richtung stampfende Beats und heiße Breaks gehen?

Ein Rhythmusberserker.

Ein Taktfetischist.

Ein Ungeheuer der Schlagkraft.

Ein Poltermühlenmüller.

Ein Kuhhautpenetrierer.

Ein Initiator von Wirbelwinden.

Ein Feuerteufel, der mit Trommelfeuer Zunder macht.

Die Zukunft meines Musikerdaseins fokussierte sich immer mehr auf ein Instrument, welches durch seinen enormen Lautstärkepegel charakterisiert war. So sollte es sein. Ich war zu Dank verpflichtet. Freudig lief ich zu meinem Bruder, der mir das Geschenk beschert hatte. Er saß gerade an seinem Schreibtisch und drehte sich zu mir um, als ich hereinstürmte. Ich umarmte ihn und meinte es ganz ehrlich.

«Danke, Alter. Das ist nett. Ich werde Schlagzeuger.»

«Und ob. Wir müssen allerdings bei Papa noch heftige Überzeugungsarbeit leisten. Aber der Rest, also das verdammte Schlagzeug, geht bestimmt klar.»

Es ging klar. Aber ich musste noch verdammte eineinhalb Jahre auf das verdammte Schlagzeug warten. Verdammt. Vandammt. Van Damme. Jean-Claude Van Damme.

Nicht so lange dauerte es, bis wir bei unserem Nachbarn wieder einmal in Ungnade gefallen waren. Der Mann war ein akkurater, konservativer, disziplinierter älterer Herr, der jungen Menschen nicht gerade aufgeschlossen gegenüberstand. Und Kinder aus dem Ausland konnte er schon gar nicht leiden. Ich war mir zu jenem Zeitpunkt nicht sicher, ob er grundsätzlich diese Veranlagung hatte oder ob er sie im Laufe der Jahre unserer Nachbarschaft annahm. Seine Frau war das absolute Gegenteil von ihm. Sehr freundlich und zuvorkommend. Sie trug meistens einen altmodischen Rock mit Bluse oder einen pastellfarbenen Hosenanzug. Man konnte sie oft schon von weitem an ihrer mit bunten Lockenwicklern verzierten Frisur erkennen, mit der sie im Garten arbeitete oder auf ihrer Terrasse irgendeiner Tätigkeit nachging. Ich fragte mich damals immer, ob vielleicht die Lockenwickler ihre richtigen Haare waren. Und natürlich fragte ich mich, wie es dazu kommen konnte, dass eine so freundliche Dame einen solch schrecklichen Mann zur Seite hatte. Bei denen war auf alle Fälle nicht der feminine Teil der Familie das Ungeheuer. Sie mochte Kinder, doch sie hatte selbst keine. Papa erklärte mir, dass ihr Mann nicht in der Lage sei, Kinder zu zeugen. Eine Adoption kam bei ihm natürlich nicht in Frage. Allerdings konnte seine Frau ihn wenigstens zu einer Patenschaft für einen afrikanischen Jungen aus Tansania überreden. Das Kind trug den Namen Masumbuko Wandege. Aufgrund der Ausländerfeindlichkeit unseres Nachbarn wollte dieser den Jungen sofort umtaufen lassen, obwohl er ihn nie mit Namen hätte ansprechen müssen, geschweige denn ihn je zu Gesicht bekommen hätte. Dennoch drängte er darauf, dass das Kind zukünftig Karl-Heinz Wandege genannt werden sollte. Als Zeichen der Dankbarkeit und Anerkennung der Herkunft des finanziellen Beistands, sozusagen. Seine Frau überzeugte ihn jedoch von der Hirnrissigkeit des Vorhabens. Masumbuko blieb Masumbuko.

Wenn die Nachbarin mich Fußball spielen sah, fragte sie oft: «Na, spielst du mal wieder Beckenbauer?»

«Nö, ich versuche meinen imaginären Gegner durch eine angetäuschte Körperverlagerung unter Beibehaltung meiner Laufbahn ins Leere laufen zu lassen.»

«Ja, ja, Beckenbauer war der Beste.» Sie versuchte einen Schuss zu imitieren, so wie Frauen halt Schüsse imitieren, wenn sie selten bis nie geschossen haben. Ich lachte dann immer, aus Anstand und weil ich sie wirklich sehr nett fand.

Ich trainierte öfter in unserem Garten meine Fertigkeiten am Ball. Dazu gehörte natürlich nicht nur Techniktraining in Form von filigraner, gefühlvoller Ballbehandlung, sondern auch hartes Schusstraining. Als Tor diente die Seitenwand unserer Garage, hinter der gleich das Haus des Nachbarn begann. Eines Nachmittags ging eine Fensterscheibe seines Hauses zu Bruch. Dieses Missgeschick wiederholte sich seit Beginn meiner aktiven Fußballzeit bereits zum dritten Mal. Ich konnte verstehen, dass unser Nachbar erzürnt war. Er schimpfte jedoch nicht, wie er es sonst tat. Normalerweise brüllte er immer durch die ganze Gegend, ich sei ein Lümmel, ein Rotzbengel! Ein missratener Flegel, der vom Teufel besessen war. Dieses Mal handelte er anders. Er zerstach meinen Lederball. Nur weil mir bei einem selbst aufgelegten Fallrückzieher die Kirsche über den Schlappen rutschte, musste mein Freund aus Leder sterben. Natürlich wollte ich das so nicht akzeptieren und nahm mir fest vor, den besten Advokaten aufzusuchen, um den Mann mehr als dingfest zu machen. Jedoch konnte ich mir eine solche Unterstützung aus gewissen finanziellen Gründen nicht leisten. So beschuldigte ich den Nachbarn bei meinem Vater folgender Delikte: Mord am Sportgerät,

Totschlag meines besten Kumpels. Und ich plädierte auf folgendes Strafmaß: vierhundert Jahre schmoren in der Hölle. An den Koteletten sollte man ihn hängen, Feuerquallen auf seine Halbglatze legen, Salzsäure in seine Bierflaschen füllen, Häuten mit der Tatwaffe. Ich gestikulierte wild und zog in Erwägung, mit schwerem Geschütz aus Blasrohren und Steinschleudern gegen den Feind zur Linken aufzumarschieren. Der Unmensch zerstörte essenzielles Gut! Er zerstörte mein ganz persönliches Eigentum.

«Die Fensterscheibe, die du zum dritten Mal kaputtgeschossen hast, ist auch sein Eigentum.» Papa schlug sich auf des Gegners Seite. Ich war entsetzt.

«Ja, aber der alte Sack hat doch mit der Scheibe nicht Fußball gespielt! Der hat doch überhaupt keine Beziehung zu dem Glas gehabt.» Mittlerweile flennte ich bittere Tränen. Geboren aus Wut und Verzweiflung. Ich schob nach: «Der Mann ist gegen Kinder, gegen Ausländer und jetzt auch gegen Bälle!»

Papa reagierte genervt. «Jetzt ist es aber genug. Diesmal zahlst du die Scheibe. Ich habe dir tausendmal gesagt, spiel im Garten nicht Fußball, zumindest nicht mit der Garagenwand.»

Rasend und tobend, nicht mehr Herr meiner Sinne und unwissend, was ich tat, schrie ich: «Busenschuft!»

Verdammt, ich hatte meinen Vater Busenschuft genannt.

«Was war das?», wollte er wissen.

«Hustensaft!», schrie ich noch mal. «Er soll zu Hustensaft verarbeitet werden.» Gute Wendung – noch mal davongekommen.

«Geh rüber und entschuldige dich», forderte er.

«Niemals. Mit Killern spreche ich nicht.» Ich blieb stur.

«OK, ich kläre die Sache und du zahlst das Spektakel.» Das waren Papas letzte Worte.

Auf eine Diskussion, ob Papa die Rechnung übernehmen würde, wenn ich mich entschuldigte, ließ ich mich nicht ein. Ich war wütend, betrübt und fühlte mich im Stich gelassen. Meine Mutter hatte mehr Verständnis für mich, erklärte mir aber, dass mein Verhalten nicht ganz korrekt gewesen war. Sie konnte meinen Schmerz sehr gut verstehen und versprach, mir einen neuen Ball zu kaufen. Die Rechnung für die

Fensterscheibe bezahlte letztendlich mein Vater. Aber die Garagenwand war als Tor oder Doppelpasspartner Geschichte.

Für mich ging dieser Vorfall noch einmal gut aus. Wer Wind sät, wird Sturm ernten, heißt es. Und nachdem ich Sturm geerntet hatte, kam die Stille. Ich verhielt mich in den nächsten Tagen äußerst ruhig, meine Wortmeldungen beschränkten sich aufs Wesentliche, ebenso meine Aktivitäten. Auch die Lehrstunden in Sachen Rock'n'Roll fielen vorübergehend aus. Es war eine ruhige Zeit von etwa zwei Wochen, in der es nur einen bemerkenswerten Zwischenfall auf dem Bolzplatz gab, als wir wieder einmal schwitzend und schreiend eine aufregende Partie spielten. Wir wurden durch einen Jungen in unserem Alter gestört, der in einem seltsam altmodischen Trainingsanzug auf uns zukam. (Es war keine Marke erkennbar, was immer ein deutliches Zeichen von fußballerischem Unvermögen war. Ferner hatte die Trainingshose unten keinen Steg und Reißverschluss, sondern einen Schlag!) Der Junge sprach in besonderem Dialekt und trug eine nie zuvor gesehene Frisur.

«Kann üsch mütspieln?»

Wir blickten uns verwundert an, noch hochrote Birnen vom Sprinten. Hansi Müller fragte mich, ob das Deutsch gewesen sei. Ich bejahte.

«Kannst du denn Fußball spielen? Hier wird nämlich mit harten Bandagen gespielt. Aber auf hochwertigem Niveau», sagte ich.

Der Typ mit dem dicken Seitenscheitel erwiderte mit einem für uns ungewohnten Akzent: «Für euch wird's wohl reichen.»

Da fuhr gleich Augenthaler auf: «Na, das wollen wir

ja erst einmal sehen.» Und an mich gerichtet: «Steck den mal in deinen Sturm, und ich zeig ihm, was hier eine Harke ist. Aber eine böse. Hüfthoch. Der kommt nicht wieder.»

«Du musst dir aber einen Fußballernamen aussuchen, sonst geht bei uns gar nichts», forderte ich ihn auf.

«Ich bin Jürgen Sparwasser.»

Entsetzen. Stille. Ungläubigkeit. «Das ist ja ein Ostmann, ein Zonenkicker», stellte Klaus Fischer überrascht fest. «Der hat die Deutschen in der Vorrunde abgeschossen, 1974.»

«Klar», bestätigte der Neue, «ich bin ja auch aus Magdeburg. Ich bin Sparwasser, und wer bist du?»

Ich antwortete: «Ich bin Peter Beardsley. Hallo, Jürgen.» Wir reichten uns die Hände, und jeder stellte sich vor. Nur Jean-Marie Pfaff hüpfte aufgeregt um mich herum und nestelte an meinem Trikot. «Hey, das können wir nicht tun! Den können wir nicht mitmachen lassen.»

«Wieso denn nicht?»

«Der ist ein Stasi», flüsterte er mir zu.

«Was?», fragte ich.

«Der ist ein Stasi. Ein Staatssimulant oder so was», stammelte der belgische Torwart.

«Der ist was?»

«Na ein Staatsirgendwas. Ein Agent. Das weiß man doch. Im Osten sind alle Beobachter für den Staat. Oder für die Regierung. Zum Zweck der Gemeinschaft und ihre Vorteilsbeschaffung oder so. Ein Spitzel eben.»

«Du spinnst doch. Was will der denn spitzeln?»

«Na vielleicht ... was weiß ich ... wie unsere Fußballschuhe verarbeitet werden, wie wir die Bälle anschneiden ... äh ... oder wie unsere Bolzplätze beschaffen sind. Oder wie viel fußballverrückte Kinder eine durchschnittliche deutsche Familie hat. Oder … mein Gott, irgendwas halt.» Der Torwart winkte mit seinen Handschuhen ab.

Ich hauchte ihm zu: «Du bist nicht nur fußballverrückt, sondern von Grund auf.»

«Na klar», antwortete er. «Ich bin Jean-Marie.» Und er machte eine halsbrecherische Torwartparade am Mittelkreis. Nachdem er wieder gelandet war, humpelte er leise fluchend in sein Tor zurück.

Der neue Junge aus dem Osten war ein solider Fußballer. Technisch nicht die Macht, aber mit Drang zum Tor. Ohne Nerven. Ein Verwandler, trotz seiner körperlichen Defizite. Seine strichdünnen Ärmchen glichen eher zwei Bifis, die zwangsläufig aufgrund anatomischer Bewegungsabläufe mitmussten. Die blassen, dünnen Beine, so schien es, würden sicher beim ersten Windstoß oder bei einer unsauber gesetzten Defensivattacke einknicken, wie sprödes Schilfrohr. Wenn er in kurzen Hosen spielte, sah es aus, als ob zwei lange, weiße Fäden von der Sporthose nach unten hingen. Nur bei genauerer Betrachtung merkte man, dass es seine Beine waren.

Wir hatten zu jener Zeit wenig Einblick in die ostdeutschen Fußballkünste und ebenso keine Ahnung vom politischen System. Ostdeutsche Clubs tauchten ab und an bei internationalen Wettbewerben auf. Ansonsten hätten wir nicht sagen können, ob Rico Steinmann Rechtsfuß oder Joachim Streich Torwart, Stürmer oder Geigenspieler war. Wir nahmen den Jungen trotzdem gern bei uns auf. Er musste sich allerdings erst an unsere Spielernamen gewöhnen, und es dauerte einige Wochen, bis er nicht mehr den Namen Sparwasser wählte. Anfangs wollte er noch andere Ostgrößen verkörpern, wie zum Beispiel Geyer, Leitzke, Croy oder Dörner. Dann versuchte er es mit dem entflohenen Nachtweih, bis er schließlich doch mal Bum Kun Cha ausprobierte. Von da an mischte er stets bei den internationalen Namen mit, hielt sich jedoch klugerweise von Maradona, Pelé und Cruyff fern. Sein Vater war früher Profi-Fußballer beim BFC Dynamo gewesen und packte die Gelegenheit beim westlichen Schopf, als seine Mannschaft zu einem Gastspiel in der Bundesrepublik war. «Da machte er rüber. Dachte, er bekommt 'nen guten Posten, hier im goldenen Westen. Und? Was hat er gekriegt? Nix als Arbeit.»

So erklärte unser Neuer seine Situation. Der Vater holte die Familie nach. Sie lebten erst irgendwo an der französischen Grenze und waren schließlich vor zwei Wochen in unsere Stadt gezogen.

«Vati hat jetzt endlich einen guten Posten.»

«So? Was macht er denn?», wollte ich wissen.

«Er arbeitet in einer Torfabrik», sagte er unbekümmert.

Was? In einer Torfabrik? Ich dachte fieberhaft nach. Welches Fußballteam im Umkreis wurde Torfabrik genannt? Er spielte jedenfalls nicht in der ersten Herrenmannschaft unseres Vereins. Ich fragte ungläubig:

«Torfabrik? Was macht er denn da?»

«Er macht Tore am laufenden Band.»

Ich konnte mir nur schwer vorstellen, dass der Vater dieses Jungen ein erfolgreicher Stürmer mit Torgarantie war. Aber immerhin hatte er in der sozialistischen Oberliga gespielt. Schon möglich, das Ganze. Der Neue fuhr fort: «Er schweißt Sachen in den Winkel.»

Aha, einer, der wohl ein strammes Kaliber auf dem Fuß hatte. Weitschussexperte.

«Welche Position hat dein Papa denn?» Jetzt wollte ich es aber genau wissen.

«Position? Er ist Aluminiumschweißer, glaube ich.»

«Wie bitte?» Solch einen verrückten Namen für einen Spieler hatte ich noch nie gehört. Wohl ein Künstlername. Der Junge aus dem Osten fügte hinzu: «Er sorgt für Stabilität im Tor.»

Was sollte das denn jetzt heißen, dachte ich verwirrt.

«Ist er jetzt Torwart, oder was?», fragte ich leicht sauer.

«Vati? Der war nie Torwart.»

War, war! Wir sprachen doch über die Jetztzeit! Langsam wurde ich ungeduldig.

«Ja, wo spielt er denn nun?»

«Vati? Der spielt momentan nirgends. Weil er doch Tore macht.»

Bist du blöde, Junge? Vor meinem geistigen Auge zog ich schon an seinem linken Ohr. Mit nur noch mühsam erzwungener Ruhe stellte ich die folgende, hoffentlich alles klärende Frage: «Wooooo? Wo macht er die verdammten Dinger?»

Der Junge verdrehte die Augen und nestelte gleichzeitig am vorderen Teil seiner Trainingshose. «Dinger?»

«TOOORE!!!», schrie ich in einer Lautstärke und Tonlage, die eigentlich nur für Motörhead bestimmt war.

Er antwortete ganz ruhig: «Na, in der Torfabrik. Irgendwo dreißig Kilometer weg von hier.»

Womit wir wieder am Anfang waren. Aber dann erklärte der Junge, nachdem er die Haare nach hinten geworfen hatte:

«Er ist Schweißer in der Fabrik, die Garagentore macht. Und auch andere Tore. Für die Einfahrt von

Häusern und so. Er schweißt da Eisengestänge und Aluminiumgehäuse zusammen. Winkeleisen und solches Zeug, weißt du.»

Ich dachte bis vor kurzem: Kein Wunder, dass diese beiden Länder, die sich beide Deutschland nennen, Schwierigkeiten bei der Annäherung haben, wenn sich die Einwohner sprachlich nicht verstehen. Doch vielleicht sollte man eine Konversation nicht zu schnell aufgeben und bis zum bitteren Ende fortfahren. Nach dem Motto: Die Aufklärung des Missverständnisses liegt am Ende eines Sprachbarrieretunnels. So dachte ich. Wahrscheinlich war aber auch ich in diesem Moment des Missverständnisses geistig unflexibel. Egal und gleichzeitig Kreide. Die Hauptsache war, dass wir auf dem Bolzplatz keine Unstimmigkeiten hatten. Verblüffendes gab es allerdings weiterhin.

Wir waren nämlich völlig erstaunt, als der Neue eines Nachmittags good old Günter Delzepich sein wollte. Der Mann, der gewettet hatte, er könne einen Medizinball von der Strafraumgrenze ohne aufzusetzen ins Tor schießen, und verlor – weil er darüberschoss. Der Mann, der einer Dampflok ähnlicher war als einem gewöhnlichen Mittelfeldspieler. Der Mann, der den Aachener Tivoli erschüttern ließ.

«Ich habe mich informiert», gestand der Junge. «Der ist gut. So will ich sein.» Alles klar, Günther, lass die Medizinbälle fliegen.

Dr. Socrates, BRA

Dr. Sócrates Brasileiro Sampaio de Souza Vieira de Oliveira

Der weiseste aller Fußballer. Spielte überlegt und durchdacht. Der wahre Denker und Lenker. Aber: Zog auch vielen Gegnern den Zahn. Er war Zahnarzt! Seine aus dem Stand geschossenen Elfmeter waren für mich nachahmenswert. Allerdings wurde ich, seitdem ich auf den Anlauf verzichtete, zu einem extrem unsicheren Elfmeterschützen. Meine Fehlerquote war hoch, und selbst nachdem ich wieder meine üblichen drei Meter Anlauf nahm, kam die Treffsicherheit nicht zurück. Danke, Socrates, dass ich nun vor einem Elfmeter immer zittern muss.
Erfolge als Nationalspieler bei großen internationalen Turnieren: ./.

Erster Verein:

01/74–12/77 Botafogo RJ

Letzter Verein:

01/89–12/89 Botafogo RJ

*19. 02. 1954
Größe: 191 cm
Gewicht: 77 kg
50 Länderspiele für Brasilien

Es war ein kühler Sommerabend, als mein Bruder die Nachricht erfuhr. Die Nachricht, die sein Leben veränderte. Die zumindest seinen Weg in eine neue Richtung lenkte. Ein Eingriff in seine gewohnten Bahnen. Es war so, als würde man zum Beispiel vom Einkauf nach Hause schlendern, eine Tüte voll diverser Nahrungsmittel in der linken Hand. Man denkt darüber nach, am Abend einen Westernfilm mit dem Vorzeigecowboy John Wayne zu gucken. Vielleicht würde ja auch einer mit Gary Cooper kommen. Bestimmt nicht schlecht. Blöd wäre einer mit Randolph Scott, aber egal. Vor dem Abendfilm wäre eine Hörspielfassung von Moby Dick sehr interessant. In der Badewanne nämlich, mit enorm viel Schaum. Während man diese Entscheidungen, die nahe Zukunft betreffend, austariert, kommt eine übergroße Figur aus einem Gruselcomic, vielleicht der *Dämon der undurchdringlichen Finsternis*, auf leisen Sohlen von hinten angeschlichen. Eigentlich müsste man sein Kommen hören, da seine knorrigen Knochenfüße klickernde, klirrende «Keräusche» machen müssten. Aber man hört ihn nicht. Ohne geringste Vorwarnung oder einen verdächtigen Laut, jedoch mit Hinterlist haut er einem den «Vorschlaghammer der Ungerechtigkeit» auf den Kopf. Die Waren aus der Einkaufstüte fliegen in hohem Bogen durch die Luft. Von der Wucht überrascht, geht man selbst natürlich auch zu Boden. Damit nicht genug, kracht einem noch eine herabfallende Büchse «Frischgemüse» auf den soeben malträtierten Schädel. Der Dämon schleicht kichernd um die Ecke davon.

Klingt alles sehr unwahrscheinlich? Das stimmt. Kann aber vorkommen – wenn auch nur als Metapher. Die Wirklichkeit sah im Falle meines Bruders so aus: Seine Freundin kam zu uns und ging wie so oft zuerst zu Mama in die Küche. Das war für meinen Bruder nichts Außergewöhnliches. Stutzig wurde er erst, als sie weinend in sein Zimmer trat. Erschrocken und besorgt wollte er sie in seine Arme nehmen. Sie wandte sich aber von ihm ab und nahm schluchzend auf seinem Bett Platz. Verwirrt fragte er, was denn los sei. Da platzte es auch schon aus ihr heraus: Sie hatte sich in einen anderen Mann verliebt.

«Du hast *was*?»

Ja, sie hätte sich in einen anderen Mann verliebt. Nein, sie denke nicht, dass es eine gute Idee wäre, die Beziehung aufrechtzuerhalten. Nein, die Entscheidung stehe fest, sie habe es sich gut und lange überlegt. Ja, es läge unter anderem auch an seiner abscheulichen Gewaltsucht bei Fußballspielen. Ja, sie habe immer schon gesagt, dass ihr das irgendwann zu viel werden würde, er habe nur nie richtig zugehört. Ja, ihr gehe es natürlich auch schlecht. Nein, es wäre nicht leicht für sie gewesen. Nein, er kenne den anderen Mann nicht. Nein, sie würde jetzt auch nichts über ihn erzählen. Nein, sie denke nicht, dass mein Bruder sich noch Hoffnung zu machen brauche, dass sie wieder zusammenkommen könnten. Sie könnten aber Freunde bleiben.

«Ach leck mich doch.»

Von wegen: *There is a light – and it never goes out.*

Mein Bruder weinte bittere Tränen – über die Tatsache an sich und auch darüber, dass sie so plötzlich über ihn hereingebrochen war. Es kam so überraschend wie Magaths Siegtreffer 1984 im UEFA-Cup-Finale gegen Juventus. Eine Bombe. Mein Bruder war versteinert und aufgewühlt zugleich. Ich konnte nicht richtig mitfühlen, kannte ich doch solche Empfindungen und Enttäuschungen noch nicht. Meine Mutter führte lange Gespräche mit ihm. Sie wollte ihm helfen, die Angelegenheit zu verstehen. Doch es war nicht leicht, schließlich liebte er seine Freundin sehr. Seine Ex-Freundin. Mein Bruder wankte.

Später erfuhr er von Freunden, dass der Neue seiner Ex-Freundin ein Fußballer sei. Sie hatte ihn bei der Recherche für eine Sendung ihrer Radiostation kennen gelernt. Er spielte bei einem Traditionsclub, der vor Jahren aus der zweiten Bundesliga abgestiegen war und nun in unserer Liga um den Aufstieg kämpfte. Spieler dieses Vereins hatten für die Sportredaktion einige Statements zur Aufstiegschance abgeben sollen. In diesem Rahmen kamen sich die beiden näher. Leider zu nahe. Und jetzt war sie also mit einem Mann zusammen, den mein Bruder schon allein deshalb hassen musste, weil er bei einem Verein unter Vertrag stand, der in der Liga gegen unseren spielte. Ein Doppelgegner sozusagen. Das schmerzte noch mehr. Mein Bruder taumelte.

Das Spiel am Wochenende darauf im eigenen Stadion sah er nicht. Er stand am Bierkiosk vor dem Stadion. Seine Kumpane redeten auf ihn ein. Heute sollte was gehen – mit den gegnerischen Fans. Mein Bruder kippte ein Bier nach dem anderen. Seine

Kumpane marschierten ins Stadion, genau wie ich. Ich ging zu meinem Stammplatz, meiner sicheren und geborgenen Umgebung. Den Endstand von 0:2 bekam mein Bruder nicht mit. Stoisch schüttete er den Gerstensaft in sich hinein. Goldene Gaben des Vergessens. Bier als Heilmittel gegen starke emotionale Schmerzen. Mein Bruder ignorierte zunächst die Aufforderungen, wenigstens später zum Park zu kommen, wo die Keilerei stattfinden sollte. Dann ging er doch hin. Und mein Bruder stürzte.

Im Krankenhaus sagte man uns, er habe keine gefährlichen Kopfverletzungen, auch wenn es danach aussah. Die Faschingsmaske eines Zombies wirkte gegen sein Gesicht harmlos. Es hatte den Anschein, als wäre ein

Traktor darüber gefahren. So ähnlich musste es auch gewesen sein. Dicke Schwellungen, Platz- und Risswunden. Schillernde Farben zierten seinen Kopf. Als hätten Kinder einen aufgeblasenen Gummihandschuh mit Plakafarben bekleckert. Man erklärte uns, dass es eine heftige Auseinandersetzung mit den gegnerischen Hooligans gegeben hatte. Eine harte, üble Geschichte. Wir erfuhren, dass der Ehrenkodex, welcher besagte, dass am Boden Liegende nicht mehr angegriffen wurden, gewahrt blieb. Aber mein Bruder wollte nicht liegen bleiben. Er rappelte sich immer wieder hoch. Auf jeden Fall durch übermäßigen Alkoholkonsum zur Skrupellosigkeit getrieben, vielleicht durch den Verlust seiner Freundin angestachelt. Als hätte er sich mit Hilfe eines anderen Menschen selbst verletzen wollen. Blind und rücksichtslos in die Gegner gesteuert. So lange, bis man den Kampf für beendet erklärte. Dann kam die Ambulanz. Und die Polizei.

Strafrechtliche Folgen gab es keine. Für niemanden. Die Jugendlichen hatten ja keine Außenstehenden verletzt. Aber ihre Namen waren nun vorgemerkt. Einige kannte die Polizei schon vorher. Die Folgen des Ereignisses waren für meinen Bruder jedoch entscheidender.

Er kam nach drei Tagen wieder aus dem Krankenhaus heim, noch schwer gezeichnet vom Kampf. Vom Kampf mit dem Gegner Mensch und dem Feind «Liebeskummer». Eine böswillige Mischung, obwohl die Zeit wohl irgendwann beide Wunden heilt. Nur ist es schwierig, die Zeit als Gefährtin zu akzeptieren. Man muss sich in Geduld üben und dem Wissen vertrauen, dass die familiären Bindungen am meisten zählen. So erklärte es mir meine Mutter. Ich verstand. Genau so erklärte sie es auch meinem Bruder. Er hatte im Hospital offenbar genug Zeit gehabt, sich Gedanken zu machen. Reumütig entschuldigte er sich bei unseren Eltern, denen er einen riesigen Schock zugefügt hatte. Mir natürlich auch. Er war sich bewusst, dass er auf unsere Warnungen hätte hören müssen. Dass er uns – samt unseren bösen Vorahnungen – missachtet hatte. Und er musste sich eingestehen, dass seine Verharmlosungen nur Mittel zum Zweck gewesen waren. Er war von sich selbst bitter enttäuscht. Meine Eltern nahmen ihn in den Arm. Er weinte. Ich auch. Der Anblick hatte etwas vom verlorenen Sohn, der zurückkehrt. Obwohl mein Bruder ja nie weg gewesen war – außer drei Tage im Krankenhaus. In den nächsten Tagen ließen wir ihn in Ruhe. Er hatte viel zu bedenken. Er sprach häufig mit Mama über seine Gefühle. Über seine Fehler und über seine Erkenntnisse, die er aus den letzten Tagen schloss. Das half ihm sehr. Er wusste, dass er an seiner Rehabilitation – der physischen wie der psychischen – arbeiten musste. Er musste sich selbst wieder aufbauen, sein Selbstwertgefühl stärken, neuen Antrieb finden. Wir halfen ihm dabei, so gut wir konnten. Nachdem ihm unsere Eltern schnell verziehen hatten, konnte er sich nach einiger Zeit auch selbst verzeihen und seinen Blick nach vorn richten. Es gelang ihm langsam, Schritt für Schritt. Er wurde wieder etwas fröhlicher und mutiger. Es war eindeutig eine Art Verwandlung zu spüren. Offenbar war er hinsichtlich seiner gewalttätigen Vergangenheit sehr einsichtig. Und so geschah eines Tages Folgendes: Mein Bruder steckte seine New-Balance-Schuhe, seinen Umbropullover und seine schwarze Bomberjacke in einen Plastiksack und feuerte die Utensilien in die Mülltonne.

«Ich will das Zeug nicht mehr.»

Es waren die Kleidungsstücke, die ihn mit seiner «Karriere» als Hooligan konfrontierten. Es waren seine «Fußballklamotten», mit denen er sich den gegnerischen Fans entgegenstellte. Sein Erkennungszeichen. Sozusagen seine Uniform. Und jetzt wollte er sich davon befreien. Er wollte sich vom «Hooliganismus» lossagen, er, der doch immer abgestritten hatte, überhaupt etwas damit zu tun zu haben. Oder ihn bewusst verharmloste. Der brave Student, der sich zum Zeitvertreib mit ähnlich Denkenden die Fresse polierte. Genau der wollte er nicht mehr sein. Der Boxer ohne Vereinsmeierei. Ohne Verpflichtungen eines Trainings- oder Wettkampftermins oder eines Mitgliedsbeitrags. Nur schlagen, wenn man Lust hat. Auf offenem Feld, ohne Seile, ohne Ring. Davon wollte er nichts mehr wissen. Er konnte uns nicht erklären, ob durch die Schmerzen verursacht, durch die äußerlichen Folgen der Prügelei, oder einfach weil er erkannt hatte, dass das Verlangen nach Action und Abwechslung in dieser Form nicht zu verantworten war. Sein Umdenken stieß natürlich bei uns, bei seiner Familie, auf große Akzeptanz und Zuspruch. Und mein Bruder kam gleich noch auf eine andere Idee. Ob verrückt oder erfolgreich, das sollte sich in den nächsten Wochen herausstellen.

Eines Abends saß ich summend in meinem Zimmer und versuchte mich an meiner Lateinhausaufgabe. Alle in der Klasse hatten sich anfangs mit sehr viel Elan auf dieses Fach gestürzt, doch im Verlauf der Schuljahre nahm das Interesse stark ab. Unser Lateinlehrer war ein altbackener, stockkonservativer, strenger Lehrer. Er hatte eine stark ausgeprägte Aversion gegen mich, die darauf basierte, dass er vor längster Zeit einen rivalisierenden Zweikampf mit meinem Opa um dieselbe Frau, nämlich meine Oma, geführt hatte. Dies erzählte mir meine Großmutter einmal mit weit ausholenden Bewegungen und bildhaften Erläuterungen. Ferner schätzte der Lateinlehrer fußballinteressierte Menschen nur wenig. Meine Zensur pendelte immer zwischen vier und fünf, mit Tendenz zum Ausreichend, somit konnte ich die Gefahr einer Versetzung in niederere Klassengefilde klein halten. Mit diesem Bewusstsein ließen mich die Beschimpfungen des Lehrers kalt, und ich reagierte meistens gleichgültig auf seine Schimpftiraden. Und die waren heftig: Falls ich ihm mehrere verzwickte Aufgaben hintereinander nicht beantworten konnte, betitelte er mich als «Destillat der Dummheit», als «Fremdsprachenverweigerer» oder «Missachter der ältesten Kulturen». Falls er mich beim Schwätzen erwischte oder gar beim Schmeißen eines (ungefährlichen) Gegenstandes, forderte er mich auf, aufzustehen, und schrie vor versammelter Klasse in niederträchtigem Ton:

«Deine Lehrjahre als schamloser Übeltäter nehmen wohl nie ein Ende!»

Ein anderes Mal tönte er mahnend: «Zahlreich sind die Momente deines Flegeltums», oder «Halte ein, Unglückseliger!»

Mit erhobenem Finger und sich überschlagender Stimme rief er oft, ich sei «das Vorzeigebeispiel der Umkehrung aller Benimmregeln». Dabei wirkte er wie ein Soldat, steif und zackig in seinem Ausdruck, ein Mensch, der die letzten 60 Jahre verschlafen hatte. Während einer sehr unspektakulären Stunde, bei der ich mein Desinteresse kundtat, indem ich mit einem anderen *Schiffe versenken* spielte, unterbrach er mich bei der Zerstörung eines gegnerischen Kreuzers mit den Worten:

«Ziehst du denn nichts aus der Tiefe der lateinischen Sprache, Verruchter?»

Ich antwortete ehrlich: «Ich ziehe eher etwas aus der Tiefe des Raumes. So wie Günter Netzer damals.»

Das war eine verbale Angriffserklärung. Der Lehrer schritt temporeich auf mich zu, baute sich theatralisch vor mir auf und stemmte die Hände so fest in seine Hüften, dass die Finger knackten. Er nannte mich einen «Proletarier, der den Prioritäten des Lebens den Schwachsinn des Jungmännersports vorzieht».

Ich versuchte mich zu verteidigen, indem ich erwiderte: «Ich verfolge wenigstens einen Idealismus, der durch ästhetische, formvollendete Teilbewegungen geprägt ist.» Schöner Satz, dachte ich. Ein Zitat aus meiner unendlichen Sammlung an Fußballliteratur. Dass des Lehrers veraltete Ansichten mit der Fremdsprache konform gingen, die er uns einzutrichtern versuchte, dachte ich noch obendrein.

Er sagte: «Diese aggressive Grobmechanik stellst du als Maxime deiner sportlichen Vorstellung dar? Du scheinst geblendet. Anscheinend ist der Fußball wohl deine eigene, stoische Religion!»

Ich erwiderte: «Das habe ich so nicht auszudrücken versucht, dennoch bin ich mir sicher, dass Gott, sofern es ihn gibt, auch den Fußball erfunden hat. Ob er selbst Fuß anlegt, bleibt wohl unergründet.»

Da rollte der Lehrer mit den Augen und tobte: «Du blasphemischer Taugenichts! Du atheistischer Verherrlicher einer nichtigen Subkultur!»

Spontan fiel mir ein: «Apropos Kultur. Albert Camus sagte über diese von Ihnen verpönte Sportart: ‹Alles, was ich über die Moral des Menschen weiß, verdanke ich dem Fußball.› Er war übrigens Torwart bei *Racing Universitaire Algier*.»

Die Augen des Lehrers waren weit aufgerissen und leuchteten wie zwei Taschenlampen. Er bebte. Ich fuhr, mich an eine Gedichtesammlung über Fußball erinnernd, ruhig fort: «Selbst literarische Größen wie Ludwig Harig schrieben leidenschaftlich über den Fußballsport. Ich zitiere aus *Erstes alexandrinisches Sonett über den Fußball: O abgetropfter Ball! O eingeschlenztes Leder! Der …»*

«Saukrüppel!», schrie der Lehrer abschließend und erklärte die Lateinstunde für beendet.

Insgeheim war ich stolz, dass er mich als Zielobjekt seines Zorns auserkoren hatte. Manchmal leistete ich mir ein abwertendes Achselzucken oder brachte ein kurzes «Pfff» hervor. Somit war ich als Revoluzzer und starker Oppositionist in meinem Umfeld beliebt.

Doch wie so oft gestalteten sich die Lateinhausaufgaben an jenem Abend zäh und wurden nur durch Kampf und Krampf geboren. Deshalb war ich froh, als mein Bruder ins Zimmer kam.

«Das untätige Herumsitzen hat ein Ende. Ich will meine Freundin zurück. Ich will meine Freundin zurückhaben», platzte er heraus.

Nach diesem bedeutungsschweren Satz analysierte er zunächst, warum ihre Beziehung in erster Linie kaputtgegangen war. Dann versuchte er einen Weg zu finden, wie er die Trennung rückgängig machen konnte. Ich hörte ihm lange zu und freute mich, dass er nicht nur traurig über seine verlorene Liebe grübelte, sondern aktiv an der Lage etwas ändern wollte. Dass er mich teilhaben ließ an seinen emotionalen Erlebnissen und Antrieben. Nur war ich nicht ganz seiner Meinung.

«Was ist, wenn sie gar nicht will, dass du dich veränderst? Wenn es nicht an dir lag? Wenn sie sich einfach in den anderen Typen verknallt hat?»

Mein Bruder dachte nach. «Ich muss sie wiederkriegen. So oder so.»

Wir saßen uns auf meinem Bett gegenüber, überlegten gemeinsam, arbeiteten optionale Szenarien in unseren Köpfen aus. Wir spielten uns unsere Einfälle zu, griffen den ein oder anderen auf, um ihn weiterzuspinnen und ihn schließlich wieder zu verwerfen. Ich wollte ihm unbedingt helfen, ihn mit Lösungen und Ideen bedienen. Ich wollte, dass seine Ex-Freundin das Ex wieder ablegte. Ich wollte, dass er wieder strahlte.

Er hatte in den vergangenen Wochen ein Potpourri aus physischen, psychischen, emotionalen und sozialen Belastungen durchlebt. Ein Marathon der Verwirrungen und Enttäuschungen. Nun befand er sich in der regenerierenden Phase der Selbstfindung. Dass er mit dem Hooligan-Dasein brach, war schon der erste Schritt des Vorhabens, seine verlorene Liebe zu retten und zurückzuerobern. Vor einiger Zeit stand bei ihm dieser Drang nach Vandalismus und Prügelei noch höher im Kurs, als er zuzugeben bereit war. Nun aber verfolgte er einen anderen Angriffsplan. Eine gewaltfreie Offensive gegen seinen Widersacher, der ihm die Freundin geklaut hatte. Deswegen saßen wir zusammen und versuchten ein Mittel zu finden, mit dem eben diese Offensive letztendlich Erfolg haben könnte. Wir hielten gemeinsam Ausschau nach einem hoffnungsvollen Wegweiser, einer mutigen Lösung, einer differenzierten Methode.

MacGyver, unser Held aus einer der interessanteren Vorabendserien, der Empiriker unter den erfundenen Erfindern, hätte meinem Bruder wahrscheinlich mit einer blauen Wachsmalkreide, einem Stückchen Schurwolle und einem Swarovski-Brillanten ein U-Boot gebaut, mit dem die beiden dann unterirdisch zum Haus seiner Freundin gefahren wären und sie aus den Fängen des Schurken gerettet hätten. Oder MacGyver hätte ihm aus einer 9-Volt-Batterie, einer Erdnussschale und einem portablen Leichtgebläse einen Blumenstrauß gebastelt, der besondere unwiderstehliche, aphrodisierende Düfte aussondert und starken Eindruck schindet. Oder MacGyver hätte mich über meinen Bruder kennen gelernt und mir mit Hilfe einer gebrochenen CD-Hülle, eines Haushaltslappens, einer Kaugummifolie und einer Nagelfeile ein selbst verstärkendes, selbst verzerrendes Schlagzeug gebaut, mit dem ich auf der Frankfurter Musikmesse für Furore sorgte. Oder MacGyver hätte mir eine Vorrichtung an meinen Fußballschlappen gebaut (aus einem Kerzendocht, einer Briefmarke und einer Messerspitze Cayennepfeffer), die meine gezirkelten Freistöße selbst für Rudi Kargus unerreichbar gemacht hätten. Oder MacGyver würde mich fragen, ob ich ihm einige Fußballtricks beibringen könnte. Er würde fragen, ob eine Metallschlaufe, ein unbenutztes Taschentuch (aus Stoff) und ein angenagter Apfel ausreichten, um einen herrlichen Seitfallzieher zu erzeugen. Oder …

Ich erwachte aus meiner Phantasie und war mir sicher: Richard Dean Anderson hatte weniger drauf, als er in seinen Serien vorgab draufzuhaben. Mein Bruder musste seine Liebe ganz allein zurückgewinnen. Ich konnte nur versuchen, ein wenig dazu beizutragen, dass er den richtigen Weg fand. MacGyver hin, MacGyver her.

Seine Freundin hatte sich nach seinem Krankenhausaufenthalt gemeldet. Sie war kurz danach auch bei uns gewesen. Hatte wiederum ein langes, intensives Gespräch mit Mama geführt. So wie früher. Nur dass nicht mehr früher war. Mit meinem Bruder sprach sie nur kurz. Das lag vor allem an ihm, weil er zu einem freundschaftlichen Austausch noch nicht bereit sein wollte. Verständlich, aus meiner «objektiven» Sichtweise als Bruder. Trotzdem blieb sie nett und spendete auch mir ihr bezauberndes Lächeln, das sie in der Beziehung mit ihrem *Neuen* nicht eingebüßt hatte. Ich war verwirrt ob der Tatsache, dass ich nicht wusste, wie ich mich zu verhalten hatte. Sollte ich ihr aus

Solidarität zu meinem Bruder merklich forsch und unfreundlich entgegentreten? Oder sollte ich sie als Menschen beurteilen, dessen Gefühle sich verändern dürfen – wie meine Liebe zu Guido Buchwald in einem Moment und mein Hass ihm gegenüber im nächsten? Aber mein Bruder war eben nicht Buchwald. Allerdings war seine Ex-Freundin auch nicht ich. Deswegen entschloss ich mich dazu, ihr gegenüber so unnahbar wie möglich und so freundlich wie nötig aufzutreten. Was irgendwie blöd war.

Natürlich quälte mein Bruder Mama mit löchernden Fragen. Worüber sie gesprochen hätten, wie sich seine Ex-Freundin fühlte, ob er ihr fehlte, was er tun sollte. Außerdem wollte er wissen, ob es nur an seinen Schlägereien nach den Fußballspielen gelegen hatte, oder ob sie noch andere Gründe erwähnte, warum sie ihre Beziehung beendet hatte. Ob er sich noch Hoffnungen machen könnte oder eher versuchen sollte, sie vollends zu vergessen, was ihm – ohne Zweifel – sehr schwer fallen würde.

Seine hektischen Fragen und seine wirre Gestik verrieten große Nervosität. Ich mischte mich ein, hakte nach, ob sie von ihrem neuen Typen erzählt hätte, ob sie mich erwähnt hätte und was es denn heute überhaupt zu essen gäbe. Mama antwortete ganz ruhig, das Gesicht meines Bruders in beiden Händen: «Beeindrucke sie.»

Rudi Völler, D

Startete 1980/81 seine Profikarriere bei meinem Verein für alle Zeit TSV 1860 München e.V. Unübertroffen seine Dribblings. Der letzte deutsche Nationalstürmer, der noch Verteidiger aussteigen ließ. Meine Trikots trage ich immer noch nach seinem Vorbild. Links in der Hose, rechts draußen. Erfolge als Nationalspieler bei großen internationalen Turnieren:

Weltmeisterschaft:

1990 mit Deutschland Platz 1;
1986 mit Deutschland Platz 2

Europameisterschaft:

1992 mit Deutschland Platz 2

Erster Verein:

07/77–06/80 Kickers Offenbach

Letzter Verein:

07/94–06/96 Bayer Leverkusen

*13. 04. 1960
Größe: 180 cm
Gewicht: 77 kg
90 Länderspiele für Deutschland

Wenige Tage später stand ich nach der Schule mit ein paar meiner Freunde am Kiosk. Wir zelebrierten wilden Panini-Tausch. Der Markt der kleinen Einklebebilder von Fußballerpersönlichkeiten war für uns in den Zeiten vor großen internationalen Fußballturnieren gewissermaßen essenziell. Weiterhin vermittelte uns das Ganze einen Einblick in die wahren Transfervorgänge der Fußballprofis. Nur im entferntesten Sinne natürlich. Die Porträtbilder der Sportler waren teilweise dermaßen schräg, man hätte die Abgebildeten für Rockstars mit langen Mosh-Matten halten können, für schöngeistige Schauspieler mit Föhnfrisur, abgehalfterte Mörder mit wahnwitzigem Blick, ferngesteuerte Homunkuli ohne eigenen Willen und Entscheidungskraft, für von drallen Brüsten besessene Pornodarsteller mit Oberlippenschmuck oder für einfache Viehbauern, die die Hauptstadt ihres eigenen Landes nicht nennen konnten. Die Sammelwut war saisonal bedingt. Alle zwei Jahre rafften wir unser Taschengeld zusammen und boten uns gern als Boten an, die der Familie Lebensmittel beim Kiosk, äh, im Supermarkt besorgten.

«Die kleinen mit Fußballerbildern gefüllten Tütchen bitte extra abrechnen. Also nicht auf den Kassenzettel tippen. Was? Das Geld reicht nicht? Na dann behalten Sie die Dosentomaten hier. Danke.»

Meistens kam ich ungeschoren davon. Manchmal allerdings roch Mama den Braten, und dann gab es durchaus Kioskverbot. Ich solle das Geld sparen und für kluge Investitionen verwenden, zum Beispiel für Bücher, hieß es. Der Versuch, auch das Panini-Album als lehrreiches und literarisch hochwertiges Buch zu präsentieren, schlug fehl. Mama beobachtete mich zu jenen Zeiten immer sehr genau. Die Kontrolle ging sogar so weit, dass sie meine Taschen beim Verlassen des Hauses nach Geld durchsuchte, um einen Erwerb der Bilder zu unterbinden. Der Fuchs war allerdings ich: Ich steckte mir ein 50-Pfennig-Stück in die Ohrmuschel, die natürlich nicht als verdächtiges Geldlager überprüft wurde. Da ich mit zwei Ohren ausgestattet war, konnte ich zumindest mit einer Mark durch den Kauf wertvoller Klebefotos meine Sammelwut befriedigen.

Bei den Panini-Bildern zählten Ehrgeiz, Cleverness, Überzeugungskunst und mafiose Handelsweisen zu den Erfolgstugenden, mit denen man sein Album vervollständigen konnte.

Mein gewiefter Banknachbar wollte mir einmal einen heiß begehrten Careca für einen Gary Neville abluchsen. Ich versuchte ihm zu erklären, dass man für einen Opel Manta schließlich auch keinen Ferrari Testarossa bekäme.

«Neville und Ceulemans für Careca und Roger Milla», verlangte er.

«Bist du dumm? Wo handelst du normalerweise? Hinterm Bahnhof?», wollte ich wissen. «Du kannst keine Diamanten fordern und dafür Zuckerrüben anbieten. Du kannst nicht deinen Altmüll auf den

Markt schmeißen und dafür pures Gold mitnehmen. Wie willst du Adidas Schraubstollen FX-100 ‹Littbarski Spezial› gegen Wildlederklapperl eintauschen? Du verlangst reinen Sauerstoff und gibst dafür giftige Abgase!» Der letzte Vergleich hinkte schwer, zeigte aber Wirkung.

«Na schön, Neville, Ceulemans und Valdano. UND Valdano! Für Careca und Milla», gab er nach.

«Pack Dunga mit rein, und ich schlag ein.»

Patsch. Hände krachten zusammen, Bilder wechselten den Besitzer. Ohne schlechtes Gewissen. In dieser harten Geschäftswelt hieß es Fressen oder Gefressen werden. Hier zeigte sich, wer ein guter Manager (und somit ein Drecksack) war, der mit seinem Kader an Klebebildchen gut wirtschaften konnte. Geschäft war Geschäft. Und beim Geld hörte die Freundschaft auf. Das wusste ich inzwischen. Schließlich war ich bei vergangenen Welt- beziehungsweise Europameisterschaften als unerfahrener Sammler von älteren Geschäftsmännern bitterböse über den Tisch gezogen worden. Da verstand ich, ein blutiger Anfänger unter den Sammlern, einen Austausch noch als Bild gegen Bild. Dass ich dann für drei Brasilianer und zwei Argentinier zwei Kanadier, einen Tunesier und zwei Österreicher bekam, war für mich fair. Doch aus Fehlern lernte ich schnell. Ich wollte mir gerade den nächsten Kandidaten vorknöpfen und einen «fairen» Handel abschließen. Mir schwebte Ruud Gullit, Camacho, Klinsmann und Brehme für Kaci-Said aus Algerien und vielleicht irgendeinen italienischen Verteidiger vor. Da kam mein Bruder um die Ecke. Er zog mich mit sich und fragte: «Kannst du mir helfen?»

«Klar.»

«Prima.»

Wir traten den Weg nach Hause an. Nach einer Weile wollte ich wissen: «Wie soll ich dir denn helfen?»

«Du warst doch letztes Jahr noch in der Theatergruppe der Schule, stimmt's?» Ich nickte.

Da sprudelte er los: «Kannst du mir einige dieser großen, weißen Laken besorgen? Die großen Transparente, die ihr bei eurem Stück als Bühnenkulisse verwendet habt. Die ganz langen.»

«Ich weiß nicht, ob die noch benötigt werden. Außerdem bin ich ja gar nicht mehr in der Truppe», gab ich zu bedenken.

«Egal. Kannst du es versuchen oder nicht?»

Ich überlegte kurz. «Ähm … lass mal nachdenken.» Kopf kratzen. «Eigentlich dürfte … hm.» Kinn reiben. «Für was brauchst du die denn eigentlich?»

Er schüttelte nur hektisch den Kopf. «Brauch ich eben. Was ist nun?»

Ich blies die Backen auf. «Ja, Mensch … ich versuch's.» Allerdings wusste ich noch nicht, wie ich mich der Laken bemächtigen sollte. «Wofür brauchst du die denn nun?», wollte ich abermals wissen. Aber er bog schon um die Ecke und hob nur noch kurz den Arm. Die Geste sollte wohl bedeuten: Später mehr.

Bald darauf ging ich heim zum Essen. Mein Bruder war nicht da.

Ich war in der Theatergruppe sehr beliebt gewesen, da ich diverse Rollen übernehmen konnte. Ich war sehr stark in meiner Ausdrucksweise, filigran im Mienenspiel und vielfältig in der Verwandlung, quasi polymorph. Außerdem trug ich oft zur überschäumenden Stimmung im Kreise der Schauspieler bei. Es gab nur ein Manko: die Texte. Die Passagen meiner Rollen wollten mir nicht immer einfallen. Ich gab mir ehrlich gesagt auch nicht sonderlich Mühe, sie konzentriert auswendig zu lernen. Vielmehr dachte ich, durch leidenschaftliches Darstellen des Charakters würde mir der Text schon irgendwann von allein zufliegen. Wegen dem wiederholten Mahnen unseres Theaterleiters vollzog ich die letzten Proben vor der Premiere äußerst anständig bis fast perfekt. Dann kam der Tag der Aufführung. Musste ich in den Jahren zuvor einmal einen wortkargen bis stummen Baum, ein andermal eine piepsende Fledermaus darstellen, so fand ich mich im letzten Jahr in der Doppelrolle eines Kochs und eines Kutschers wieder. Meine abgehalfterte und bucklige Haltung, die mir eigentlich vom Regisseur verboten worden war, trug, sobald ich auf der Bühne erschien, zu einer geheimnisvoll gruseligen Stimmung bei. Ich trug einen braunen Mantel und eine weiße, speckige Kochmütze. Das Publikum raunte und tuschelte, wenn ich die Bühne betrat. Undefinierbare Unruhe machte sich breit. Hitchcock hätte mit mir ein Meisterwerk drehen können. Zunächst musste ich nur kurze Wortfetzen einstreuen, Befehle entgegennehmen oder ebensolche an meine Pferde richten. Meine Kochmütze hatte ich auch als Kutscher auf, und meine Kochtätigkeiten vollführte ich ebenso in dem alten, strohbehangenen Filzmantel. Ich war eine skurrile Erscheinung – doch dann kam mein großer Moment, in dem ich durch einen langen Text zur Auflösung einer prekären Situation beitrug. Wild und ungestüm polterte ich los, expressionistisch und heftig gestikulierend. Doch als ich anstatt «Nachbarskatze» «Nachbarskotze» sagte, begann mein Untergang. Ich vertauschte die Namen der Protagonisten, sagte zum männlichen Hauptdarsteller «Frau Holle», obgleich die fürs Winterwetter verantwortliche Dame in diesem Stück überhaupt nicht erschien. Die Hausherrin nannte ich «Bruno», das war eigentlich der Name des längst ermordeten Hundes. Der Name der Tochter des Hauptdarstellers wollte mir nicht mehr einfallen, so sprach ich sie mit ihrem richtigen Namen an. Der Satz lautete wie folgt: «Nur war es Ihre Tochter, die … äh, die … die Stemmer Trixi, die mich um diesen Gefallen bat.» Als mir dann ein «Zefix jetzt» entfuhr, nuschelte der Souffleur von unten ein «Reiß dich zusammen!», was ich prompt mit «Halt's Maul, du Fotzenmann» erwiderte. Die Szene drohte zu entgleisen. Ich versuchte eine Rettungsmaßnahme, indem ich – eigentlich dafür bekannt – spontane Wortpassagen einzustreuen versuchte, bis mir der richtige Text wieder einfiel. Ich fragte, ob ich «die Gänsepastete vor die Kutsche spannen» sollte und merkte an, dass ich auch «die Gäule servieren» könnte. Wieder daneben. Doch plötzlich fielen mir die richtigen Zeilen wieder ein. Allerdings verwechselte ich aufgrund meiner Verwirrung «Beitritt» mit «Beischlaf», «Weltherrschaft» mit «Weltmeisterschaft» und «Korkenzieher» mit «Fallrückzieher.» Irgendwann verließ ich die Bühne, da ich dachte, meinen Text zu Ende gebracht zu haben. Ich wusste jedoch nicht mehr, an welcher Stelle des Stückes wir waren. Hinter den Kulissen war ich zu geschockt, um Entschuldigungen zu stammeln. Eine Erklärung für mein Versagen gab es auf die Schnelle einfach nicht.

Das Finale fand ohne mich statt. Als wir die obligatorischen Verbeugungen vornehmen mussten, wollte keiner mit mir nach draußen. So stolperte ich allein zum Bühnenrand. Und die Menge – johlte! Sie brach in tosenden Beifall aus und schrie Zeter und Mordio. Heiterkeit umspielte die Gesichtszüge der Zuschauer, und manche erhoben sich von den Stühlen. Ovationen im Stehen. Später teilten mir diverse Gäste und Zuschauer mit, meine ausschweifenden Darbietungen seien das Witzigste und Originellste gewesen, was diese Schultheatergruppe seit ihrem Bestehen je geboten habe. Ein Feuerwerk der spaßigen Unterhaltung! Eine Karriere als Kabarettist wurde mir vorhergesagt. Ich war baff.

Das Dumme daran war nur, dass es sich bei dem Stück leider nicht um eine Komödie handelte, sondern um ein Kriminalstück mit semidramatischem Ansatz. Deswegen bat mich der Leiter der Theatergruppe nach dieser Vorstellung, mich im nächsten Schuljahr nicht mehr um eine Teilnahme zu bemühen. Das war schade.

Später am Abend, als mein Bruder gerade die Haustür öffnete und eintrat, bedrängte ich ihn mit der Frage: «Was willst du denn nun mit den weißen Tüchern?»

«Du wirst es erfahren, ich brauch noch ein wenig Zeit zur Vollendung meiner Idee.»

«Welcher Idee?», drängelte ich. «Hat sie vielleicht mit Liebe zu tun?»

«Hau ab, alter Quälgeist», sagte mein Bruder und ging in sein Zimmer.

Ich schnappte mir allerdings schnell noch seine neue CD – von einer amerikanischen Band namens *Faith No More*. Die Musik war etwas seltsam Gutes. Genauso beeindruckt waren wir beide von einer Band mit dem lustigen Namen *Red Hot Chili Peppers*. Schräge Töne, nicht zu vergleichen mit dem guten alten Heavy Metal. Aber sehr frisch und nicht zu soft. Da ging etwas. Da waren wir dabei. Das war prima. Mama hielt uns für verrückt gewordene Spinner. «Wie kann man nur ein Lied singen mit dem Text ‹Falling to pieces und somebody put me together›? Das ist doch krank! Und dieses furchtbare Gedudel! Das ist schlimmer als euer Heavy Dingsbums.» Aber ich stampfte weiter durch die Wohnung, Besenstile als Gitarren und Blumenvasen als Mikrophone missbrauchend. Kopf sowohl vertikal als auch horizontal abknickend, wie Binsen, durch die ein Hurrikan pfeift. Meine Schlagzeugstöcke hatte ich immer hinten in der Hose. Bereit zum Ziehen. Bereit zum Spielen.

Bereit zum Kicken war ich auch. Am nächsten Abend musste ich ein Pokalspiel bestreiten. Kurz vor der Abfahrt zum Treffpunkt nahm ich meinen Bruder noch mal ins Kreuzverhör. «Was ist denn nun mit den Bettlaken?» Er antwortete wieder nur: «Später mehr.» Irgendwas ist da im Busch, sagte ich zu mir. Und zwar so etwas Großes.

Das Spiel in einer Ortschaft dreißig Kilometer entfernt von unserer Stadt verlief seltsam. Die Spieler der gegnerischen Mannschaft waren durchwegs von großer Statur, dennoch hatten wir den Verdacht, gegen blinde Hibiskusbüsche zu spielen. Der Gegner formierte sich zu noch nie zuvor gesehenen Aufstellungen, die einen kollektiven Ausfall jeglicher Fußballkenntnis vermuten ließen. Technisches Gebrechen auf allen Ebenen. Mit einer Besserung war nicht zu rechnen. Zu frei waren die Wege in Richtung Ziel dieser Sportart. Nämlich zum Tor. Dabei konnte man nicht von Offensivdrang unsererseits sprechen, denn hier drängelte überhaupt niemand. Wir spazierten mit Ruhepuls durch des Gegners Hälfte, schoben, lupften, spitzelten, sackten, streichelten uns die Bälle zu. In der Halbzeit stand es schon 16:0 für uns, und unser Torwart war öfter im gegnerischen Strafraum zu finden als im Schulgottesdienst. Man beachte, er war ein sehr gläubiger Junge. Er glaubte an Manna, an Wiederauferstehung und kommentierte selbst verschuldete Gegentreffer mit «Durch meine Schuld, durch meine Schuld, durch meine große Schuld».

Ich begnügte mich mit drei Toren (davon ein picobello Hackentreffer) und verlor dann das Interesse. Stattdessen versuchte ich unserem rechten Verteidiger meine neuen musikalischen Errungenschaften zu verklickern. Ich sang ihm einige Lieder vor, während er einem heranstolpernden Gegenspieler den Ball abnahm und sich dabei noch die Schuhbänder zuschnürte. Unser Trainer informierte sich, ob wir eigentlich gegen Jungen gleichen Alters spielten. Dies wurde ihm bejaht. Der Fußballverein der Ortschaft, die besser bekannt war für ihren schönen Badesee, hatte enorme Probleme in der Nachwuchsarbeit. Nur wenige Kinder und Jugendliche waren dort für Fußball zu begeistern. Da die Gemeinde den Fußballclub aber nicht vollständig auflösen wollte, bat man einige Kinder und Jugendliche aus Vereinen anderer Sportarten, die Fußballmannschaften wenigstens bei den Pflichtspielen zu unterstützen. In unserem Fall waren es Gewichtheber und Luftgewehrschützen. Das Spiel endete 27:1. Unser Torwart, der insgesamt vier Tore erzielte, donnerte irgendwann aus Mitleid den Ball in die eigenen Maschen, nachdem jeglicher Versuch des Gegners von Misserfolg gekrönt blieb. Das Auffälligste an diesem Spiel war nicht die Tatsache, dass wir mit etwas mehr Engagement einen dreistelligen Sieg hätten davontragen können, sondern die weibliche Zuschauerschaft am Spielfeldrand. Eine ganze Brigade süßer Mädchen säumte die Längsseite des Rasens zum Wald hin. Sie machten uns herzlich schöne Komplimente, scharrten mit den Füßen, spitzten den Mund zum Küssen und blinzelten so stark mit den Lidern, dass man hätte annehmen können, eine gefährliche Augenkrankheit kursiere in dieser Gegend. Von anzüglichen Gesten ganz zu schweigen. Es konnte sich nicht um den Auftrag handeln, uns abzulenken, denn gegen diese Mannschaft hätte auch unsere F-Jugend gewonnen, selbst wenn sie gleichzeitig Schafkopf gespielt hätte. Vielmehr wurde uns irgendwann bewusst, dass bei den Jungs aus dieser Ortschaft schwere Gewichte und metallene Flinten höher im Kurs standen als das weibliche Geschlecht. Und dieses wiederum nutzte jede Möglichkeit, Fremde von seinen Reizen zu überzeugen. So war es unser Rechtsaußen, der zuerst nur Smalltalk-artigen Kontakt aufnahm, ab der 76. Minute allerdings in eine trickreiche Knutscherei verfiel. Nach dem Abpfiff schlich er in gebückter Haltung zum Sportlergruß, der wie üblich im Anstoßkreis vollzogen wurde. Doch die Ausbuchtung in seiner Hose konnte er nicht verbergen. Die gegnerischen Gewichtestemmer und Zielschießer kannten nicht einmal die Worte des Sportlergrußes «Hipp Hipp» – «HURRA». Manche antworteten auf «Hipp Hipp» mit «Hopp Hopp». Andere riefen: «Dalli Dalli.» Wir machten «Uff Uff» und dachten uns: Die sind doch alle «Plem plem». Einige entschuldigten sich sogar für ihre fußballerische Antiexistenz, was ich sportlich und fair fand.

Mit den einheimischen Mädchen war nach dem Duschen noch eine heiße halbe Stunde Flirten angesagt. Zu körperlichen Übergriffen kam es jedoch nicht mehr. Zu unerfahren waren die meisten mit dem Thema «Küssen und mehr». Unser Rechtsaußen war mit fünf Toren und einer Frau der erfolgreichste Scharfschütze in unseren Reihen. Seitdem wurde er der deutsche George Best genannt.

«‹Ich habe viel von meinem Geld für Alkohol,

Weiber und schnelle Autos ausgegeben. Und den Rest habe ich einfach verprasst.›»

Damit kommentierte er seitdem jedes einzelne seiner erzielten Tore. Good, Better, Best, George.

Unsere Siege wurden oftmals in der Dusche mit einer Gesangseinlage gefeiert. Dem obligatorischen «Auf unseren Sieg ein dreifaches ...» folgte meistens die Hymne «We Are The Champions», die wir schon auswendig kannten, als die englische Sprache noch nicht auf unserem schulischen Lehrplan stand. Das klang dann meistens so:

«Wiiii aa se Champions (dieses Wort war bekannt), wiiiiii aaa se Champions, willl kippon feiring si end .... nu teimpfo luusa ... kas wii a se champions affsi wörd!»

Später brachten wir natürlich die gekachelten Wände mit lautstarkem Heavy Metal zum Wackeln. Falls wir besonders wild und auf Krawall gebürstet waren, brüllten wir im Kanon: «Es ist verboten, dem Toten die Hoden zu verknoten!» Eigentlich hätte bei derartigen Ausrastern ein Schild an der Tür angebracht werden müssen, das wie auf den meisten Hip-Hop-Alben warnte: Parental Advisery. This Dusche Contains Explicit Lyrics! For Example: Hoden.

Wir sangen aber auch «Die Mühle, die braucht Wind-Wind-Wind, sonst läuft sie nicht geschwind-schwind-schwind», während wir unsere Achseln mit Flüssigseife einrieben. Auch die Gegend um das kleine Würstchen. Dabei lugten wir verstohlen auf die kleinen Würstchen der Mitspieler und lachten über unsere türkischen Fußballfreunde, die in Badehosen duschten. Aber in deren Badehosen waren große Würste und auch ein Haarwuchs, der sich bereits über den Nabel und die Brust bis unter die Nase zog. Schon seit der

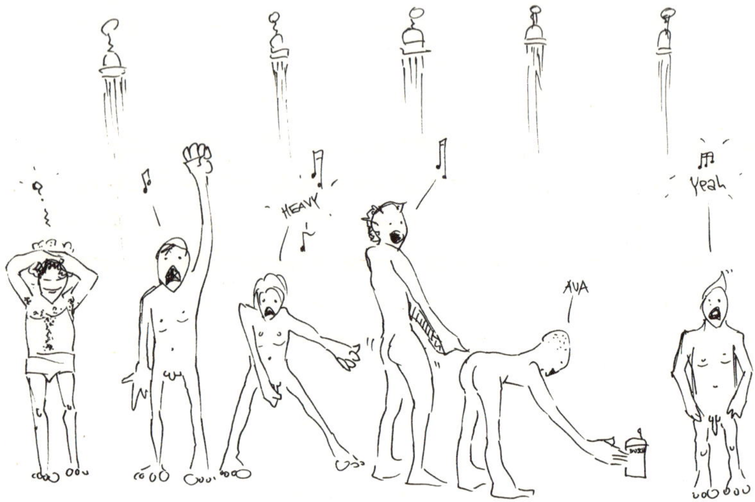

E-Jugend! Das waren Frühmänner, die aufgrund ihrer mächtigen Statur und ihres reifen Äußeren Angst verbreiteten. Fußball spielten sie aber genauso wie wir alle: mit den Füßen und meistens die Regeln beachtend. Und sie lehrten uns unsere erste Fremdsprache.

«Wur lan» hieß zum Beispiel «Schieß, Kumpel».

«Sus!» hieß zum Beispiel «Maul halten!»

«Yarim sise raki ictem ondan sonra geberdim» hieß zum Beispiel «Gestern habe ich eine halbe Flasche Raki getrunken, dann bin ich gestorben». Sätze, die wir zur lückenlosen Verständigung dringend benötigten.

Duschen war aber immer ein gern wahrgenommener Anlass zur Eruierung des körperlichen Entwicklungsstandards. (An manchen Tagen war das voyeuristische Geglotze so groß, dass man den eigentlichen Anlass der Maßnahme vergaß und am Abend mit dreckigen Knien ins Bett stieg.) Man präsentierte stolz die ersten Schamhaare, um dann ganz schnell den Sipf wieder einzuziehen, weil man sah, dass dem fünf Monate jüngeren Verteidiger anscheinend über Nacht ein wahrer Lendenbusch gewachsen war. Der konnte somit mit den türkischen Freunden mithalten, Taille abwärts versteht sich. Aber wir fühlten uns Schritt für Schritt im Schritt erwachsener, und das Zusammengehörigkeitsgefühl war beim Duschen sehr groß.

So groß, dass eines Samstagnachmittags ein gegnerischer Spieler nach langem Säubern seines Mannesmerkmals eine Erektion bekam. Natürlich war helle Aufregung angesagt, und das wilde Geschrei hallte durch die gefliesten Sanitärräume. Der Ersteifte gab allerdings ganz ruhig von sich: «Ich lege sehr viel Wert auf ein blank poliertes Schwert.» Duschpoet, schmutziger.

Am Tag nach dem lächerlichen 27:1-Pokalspielsieg schlenderte ich in der großen Pause unbemerkt durch die leeren Gänge des Schulgebäudes. Ich trug einen geräumigen blauen Bergrucksack, den ich den neugierigsten Mitschülern als meinen neuen Schulranzen vorgestellt hatte. Die Schulbücher lagen allesamt unter meiner Bank, die Schüler waren allesamt im Schulhof, die Lehrer waren allesamt im Lehrerzimmer. Mein Rucksack war leer. Vorübergehend. Mein Weg führte mich unter anderem am Archiv der Theatergruppe vorbei.

Zu Beginn der vierten Stunde, nach der Pause, war ich wieder in meinem Klassenzimmer. Als ich nach der sechsten Stunde den Raum verließ, um mich auf den Nachhauseweg zu machen, musste ich meine

Schulbücher unter der Schulbank zurücklassen. In meinem Rucksack hätten sie keinen Platz mehr gefunden. Der war voll gestopft mit etwas anderem. Ein verschmitztes Lächeln lag auf meinem Gesicht. Apropos Gesicht:

Es kam in den früheren Jahren unserer Fußballerkarriere durchaus vor, dass wir mit Druckerschwärze im Gesicht in die Schule trotteten. Dies war die Folge einer fast schon Voodoo-mäßigen Handhabung der Fußballzeitschrift Kicker. In der Hoffnung, uns die überaus subtilen Tricks der Profis besser antrainieren zu können, legten wir das Heft mit der aufgeschlagenen Seite unseres Lieblingsspielers unters Kopfkissen. Training im Traum, Lernen im Schlaf, wie wir dazu zu sagen pflegten. Dabei verrutschte allerdings schon einmal das Kissen und man lag mit dem Gesicht auf der blanken Zeitung. Mit Schulbüchern praktizierten wir das übrigens nie …

Andere Zeitschriften stießen bei den meisten auf kein großes Interesse. Mir persönlich lagen natürlich Musikblätter sehr am Herzen. Aber in der Gemeinschaft unseres Kumpelnestes zählten solche Magazine oder die «Bravo» nichts. Letztere war jedoch bei den Mädchen sehr beliebt, und wir ärgerten sie damit, ihnen die Hefte zu entwenden. Selbstredend machten wir uns immer wieder darüber lustig. Falls ein Junge so ein Ding hatte schnappen können, spurteten wir alle in den Fahrradkeller der Schule und versteckten uns dort so lange, bis wir gierig jede Zeile des Dr.-Sommer-Teams gelesen hatten. Da gab es zum Beispiel folgenden Aufruf einer *Miriam, 16*:

«Letztens klingelte es an unserer Haustüre. Ich öffnete. Ein fremder Mann stand vor mir. Er fragte mich, ob meine Eltern zu Hause wären. Ich verneinte. Er stieß mich auf mein Bett und beglückte mich dreimal. Nun meine Frage: Was wollte der Mann von meinen Eltern?»

Am Freitag, einen Tag nach meinem geheimnisvollen Ausflug durch die Schule, wurden wir dann tatsächlich in der großen Pause in der Fahrradhalle aufgespürt. Die Pausenaufsicht, unser Mathelehrer, ertappte uns, wie wir gerade eine halb nackt abgebildete Dame in besagtem Jugendmagazin analysierten. Als mein Name durch die Halle echote, erschraken wir zu Tode. Die Hälfte der Gang flüchtete im Sprint zum Hinterausgang hinaus und ward an diesem Schultag nicht mehr gesehen. Andere machten sich ganz unauffällig an Fahrrädern zu schaffen, prüften den Reifendruck oder bogen Lichtdynamos hin und her. Das Heft wurde in eine Ecke geschleudert. Ich, der namentlich Aufgerufene, war so perplex, dass ich erst einmal aus Reflex «Ständer!» schrie und damit nicht unbedingt die Eisenvorrichtungen meinte, in denen die Fahrräder parkten. Ich wurde aufgefordert, mich beim Rektor zu melden.

«Warum nur ich?», wollte ich wissen.

«Keine Ahnung. Hast was ausgefressen», vermutete der Lehrer.

«Ist Lesen mittlerweile ein Verbrechen?»

«Lesen? Es geht um irgendein Theaterstück.»

«Ich spiele da nicht mehr mit.»

«Nun lauf schon», mahnte der Lehrer.

Als ich im Büro des Rektors eintraf, war auch der Leiter der Theatergruppe anwesend. Kurze Rede, langer Sinn: Ich sei gestern ertappt worden, wie ich aus dem Fundus Bettlaken entwendet hätte. Zumindest sei ich genau identifiziert worden. Oder wenigstens glaubte man, mich dabei gesehen zu haben. Im Fundus, der sich im Kellergeschoss neben dem Werkraum befand, stapelten sich die Kulissen von früheren Theaterstücken, auf die man immer mal wieder zurückgriff. Es moderte in diesem Raum, der etwas Gespenstisches und Geheimnisvolles hatte. Dort flatterten ausgestopfte Raubvögel umher, reihten sich in Regalen diverse Gummimasken, die wie konservierte Körperteile aussahen. In den Ecken schlängelten efeuartige Gebilde die Wände hoch, in denen sich Spinnweben und Ungeziefer verkeilt hatten. Im Fundus lagerten unter anderem:

zwei Särge,
vier Grabsteine (Styropor),
ein Miniaturriesenrad, dem Prater in Wien nachgebaut,
drei verstümmelte Schaufensterpuppen,
eine opulente Standuhr,
Ohrensessel und Nierentische (50er Jahre),
ein alter Kühlschrank (Marke Blaupunkt),
ein weißes Holzlamm,
eine Rolle Draht,
unzählige Klamotten jeder Art und jeder Epoche (teilweise mit großen Mottenlöchern),
das Gemälde eines röhrenden Hirschs vor einer Bergkulisse (in Öl),
stinkende Stofffetzen,
gelb bemalte Stühle,
drei Klappstühle mit beigefarbenen Sitzflächen aus Leinen (auf einem stand «Regie» auf der Rückenbespannung),
einige überdimensionale Sonnenblumen aus Papier,
ein Keramikschwan (in Echtgröße),
drei ausrangierte Wandergitarren,
drei übergroße mexikanische Sombreros,

eine Pappkiste voll Sandkastenspielzeug,
ein etwa 120 Zentimeter großer Fliegenpilz aus Pappmaschee,
sieben Gartenzwerge (einer nackt und pinkelnd),
eine Ledertonne,
ein Indianertipi (zusammengelegt),
eine Strawuzzel-Puppe,
Schneeschuhe (aus Korbgeflecht),
eine Kollektion maritimer Strickmoden,
leere Weinflaschen,
ein Wolpertinger,
ein Regenschirm (mit der Aufschrift «C-Mix» und der Abbildung eines mit dunkler Flüssigkeit gefüllten Glases, in das eine Zitronenscheibe fällt),
ein Netz mit Bocciakugeln,
ein Einkaufswagen, in dem ein altes Gummiskelett saß,
sechs Drehkreisel,
ein Plakat mit Zirkusartisten und der Aufschrift «Brunelli»,
zwei Pedalos,
drei silberne Eisenkisten (Inhalt: kleine Schaumgummibällchen),
ein altes, nicht elektronisches Megaphon,
ein langer roter Teppich,
eine Blechrakete,
ein großes, gerahmtes Foto von Paul Breitner samt bemerkenswerter Frisur
und normalerweise weiße Bettlaken.

«Welche Bettlaken?», wollte ich wissen. «Und wer behauptet so etwas?» Unschuldig sah ich den Rektor an.

«Das tut nichts zur Sache. Hast du sie genommen oder nicht?»

«Ich weiß nicht, wovon Sie reden», verteidigte ich mich.

«Hast du nun?», fragte der Rektor barsch.

«Das ist eine schwerwiegende Behauptung, die Sie hier äußern.» Ich tat sehr erzürnt.

«Gestehe, Banause!», rief der Leiter der Theatergruppe mit sich überschlagender Stimme. «Man hat dich entdeckt.»

«Ja, wer denn?»

«Das tut nichts zur Sache», wiederholte der Rektor.

«Nun, ich habe auch gehört, dass Sie gesehen wurden, wie Sie mit Ihrer Sekretärin ein Gläschen getrunken haben. Aber nicht im Café Mozart, sondern in der Bar Eden. Und Sie, Herr Theaterleiter, das sagt man sich so, hätten im Wettbüro viel Geld auf zweitklassige Gäule gesetzt. Tut nichts zur Sache, von wem man das weiß. Wichtig ist nur, dass es der Wahrheit entspricht.» Ich erschrak über meine vorlaute Offensive und dachte nur: großer Fehler. Aber der Rektor blickte erst den Lehrer an, dann mich. Bei beiden war für einen kurzen Augenblick nervöse Unruhe zu erkennen, und der Herr Theatermacher presste ein unverständliches Wort durch die Lippen, das sich wie eine Mischung aus «Frechheit» und «Oh Gott» anhörte.

Der Rektor ergriff verlegen das Wort. «Also warst du es nicht, wie? Gut. Somit ist die Sache erledigt.» Den Protest des Kollegen wischte er mit einer Handbewegung vom Tisch. Er entließ erst den Ankläger, dann mich. Als ich durch die Tür huschen wollte, pfiff er mich kurz zurück und fragte: «Das mit der Sekretärin ... wer hat das gesagt?»

Ich blinzelte mit dem rechten Auge und zuckte mit den Schultern. Dann verließ ich das muffige Büro. Ich hatte zu keiner Zeit behauptet, dass ich die Tücher nicht gestohlen hätte. Gestohlen ist allerdings auch ein hartes Wort. Ich hätte eher «ausgeborgt» verwendet. Die Bettlaken. Vielleicht tauchten sie ja irgendwann wieder auf. Die Bettlaken. Vielleicht aber auch nicht. Mein Bruder hatte mir nicht erklärt, wie lange und wofür er sie brauchte.

Diego Armando Maradona, ARG

Bester Fußballer aller Zeiten, aller Welten und Universen. Wegen ihm wollte ich mir die Nummer 10 auf den Rücken tätowieren lassen. Das Projekt scheiterte. Dennoch bete ich mit den Gläubigen der «Kirche Maradonas» vor dem Zubettgehen zur Hand Gottes: «Diego unser, der du bist in Kuba ...»
Erfolge als Nationalspieler bei großen internationalen Turnieren:

Weltmeisterschaft:

1986 mit Argentinien;
1990 mit Argentinien Platz 2

Erster Verein:

07/76–06/81 Argentinos Juniors

Letzter Verein:

07/95–06/97 Boca Juniors

*30.10.1960
Größe: 167 cm
Gewicht: schwankend
91 Länderspiele für Argentinien

Der nächste Tag war ein Samstag. Da wir erst am Sonntag unser Pflichtspiel der Jugendmannschaft auszutragen hatten, verbrachte ich den Vormittag mit Freunden auf dem Bolzplatz. Aufgrund diverser Streitigkeiten hatten wir nicht viel Freude am Spielen. Obwohl wir versuchten, uns mit außergewöhnlichen Spielernamen zu schmücken:

Team A:
Paul Derbfuß (1. FCN)
Ole Björnmose (HSV)
Wolfgang Grobe (Eintracht Braunschweig)
Pasi Rautiainen (Bielefeld)
Danny Blind (Niederlande)
Detlev Olaidotter (Waldhof Mannheim)

Team B:
Reiner Ernst (Bayer Leverkusen)
Willi Eßkuchen (Duisburg)
Dieter Haßdenteufel (Saarbrücken)
Rune Bratseth (Werder)
Heinz Flohe (Köln)
Roman Geschlecht (Hannover 96)
Dirk Hupe (Bielefeld)

Diese eigenartigen Namen gehörten tatsächlich leibhaftigen Fußballspielern, und ihre Eigentümer waren sicher vor innovativen, zynischen Fangesängen nicht gefeit. Geschlecht war nun einmal Geschlecht, wohingegen Altobelli auch die Nadel oder Wegmann auch die Kobra waren. So lauteten Beinamen, die man als Profi gern trug. Die Nadel, weil er in prekären Situationen zustach, die Kobra, weil er bissig und schnell war. Das, was draufstand, war auch drin.

Wie auch immer, ich war an jenem Samstagvormittag Detlef Olaidotter. Doch die gute Stimmung blieb fern. Deshalb beschlossen wir einen frühzeitigen Abbruch der freizeitlichen Aktivität und zogen uns in Richtung Mittagessen zurück, nicht ohne den späteren Treffpunkt für das Fußballspiel der Profimannschaft unseres Clubs regional und temporär einzugrenzen. Da ich zu Hause meinen Bruder vermisste, fragte ich Papa, wo er sei.

«Der ist schon weg. Hat was vor. Er isst woanders. Oder gar nix. Hat keinen Hunger. Glaube ich jedenfalls. Er war so schnell weg ... Was hat er eigentlich genau gesagt?» Papa richtete seine letzte Frage an Mama, die, ohne darauf einzugehen, den Salat zubereitete.

«Was macht er denn?», versuchte ich es noch einmal. Ich war neugierig geworden.

Mama schaltete sich jetzt doch ein. «Heute sei etwas Besonderes, meinte er. Deswegen musste er schon früher weg. Zum Fußball.»

Bing Bong!

Ich würgte das Essen in erhöhter Geschwindigkeit Richtung Magensäure. Als ich mein Mahl beendet hatte, warf ich den Löffel auf den Tisch, sagte «Danke Mama» und packte meine Jacke. «Soll ich dich später mit zum Fußball nehmen?», fragte Papa.

«Nein, ich fahr mit dem Rad!», schrie ich noch, während ich zur Tür hetzte.

Mama rief hinter mir her: «Wo willst du denn hin?»

«Zum Fußball.»

Mir war schlagartig bewusst, dass mein Bruder im Stadion irgendetwas losmachen wollte. Das heutige Spiel würde eine spezielle Brisanz aufweisen. Nicht unbedingt für unseren Verein. Aber für meinen Bruder. Denn die Mannschaft des Gegners brachte einen ganz besonderen Spieler mit: den Freund seiner Exfreundin.

Ich vermutete Schlimmes. Mich quälte der Gedanke, mein Bruder könnte rückfällig werden, könnte allein durch die Aufstellung der Gegner bis aufs Blut gereizt werden, wodurch seine aufgestauten Aggressionen freigesetzt würden. Eine potenzielle Energie, die kurz vor dem Entladen stand.

Unterwegs fiel mir nichts auf, das auf Ausschreitungen oder Auseinandersetzungen hingewiesen hatte. Keine Truppenversammlungen am Straßenrand, kein grölender Mob, der sich, indem er durch die Straßen und Gassen zog, immer mehr vergrößerte. Keine wütenden Parolen. Nichts. In mir brodelten die verschiedensten Gedanken. Einerseits hatte ich in den vergangenen Tagen das Gefühl gehabt, mein Bruder sei von der «Krankheit Hooliganismus» geheilt. Andererseits konnte ich seine jüngsten Aktivitäten nicht richtig deuten. Er hatte über dieses Thema ein kleines, aber undurchdringliches Mäntelchen des Schweigens gelegt. Was ist, wenn er mit seinen alten Schlägerkumpels einen radauartigen Rundumschlag plante, aus Frust, aus Prinzip, aus dem Nichts heraus? Um auf sich aufmerksam zu machen, um sich abzureagieren, weil ihm nun doch wieder der Kragen platzte. Oder aber es war alles ganz anders. Aber wie? Irgendwas lief doch da! Ich preschte mit dem Fahrrad durch die Straßen und kundschaftete die Gegend um das Stadion aus. Im Falle des schlimmen Falles hätte ich meinen Bruder von seinem Vorhaben abhalten wollen. Ich fand ihn aber nicht. Nachdem ich mich mit einem koffeinhaltigen Cola-Mix-Getränk und einer Packung Brausepulver beruhigt hatte, gesellte ich mich zu meinen Kumpels, und wir nahmen unsere Plätze im Stadion ein. Wird schon alles in Ordnung sein, dachte ich. Sinalco bestellt und die ersten Schimpfkanonaden auf die gegnerischen Spieler losgelassen, die sich noch durch Dehnungsübungen und Kurzsprints vorbereiteten. Alles klar, alles cool. Wie immer. Trotzdem schielte ich zur Kurve hoch, in der mein Bruder zuvor immer gestanden hatte. Seit seinem Krankenhausaufenthalt mied er den Bereich. Aber wo zum Teufel war er dann? Wo hielt er sich auf, wo hatte er sich versteckt? Ich malte mir wieder semigefährliche Horrorszenarien aus, bei denen mein Bruder während des Spiels auf den Platz stürmte und mit einer überdimensionalen, scharfkantigen Heugabel den Freund seiner Ex in Fetzen stach. Oder per aerodynamischem Wurfgeschoss den Kopf seines Kontrahenten in drei Teile spaltete. Da fielen mir plötzlich die Laken ein, und ich überlegte fieberhaft, zu welchen Waffen man diese Textilien hätte transformieren können. Vielleicht in ein Katapult? Oder in eine Schleuder? Ich wurde immer nervöser und konnte meinen Bruder nirgends erspähen. Aber irgendwo musste er doch sitzen! Und ebenso seine Ex-Freundin. Wer, wie, was, wieso, weshalb, warum – wer nicht fragt, bleibt dumm. Und wer fragt – wird verrückt. Ich versuchte, mich abzulenken und brüllte völlig unmotiviert «Schiri, du Blinder!» auf das Feld. Meine

Freunde machten mich umgehend darauf aufmerksam, dass dieser das Spielfeld noch gar nicht betreten hatte. Alles klar, alles cool, alles ruhig. Mein Bruder war *clean*, er war *safe*, er war *Herr der sieben Lagen*. Es gelang mir, meine Ängste zu unterdrücken. Noch eine Sinalco. Die beiden Mannschaften betraten jetzt den Rasen, angeführt vom Schiedsrichtergespann. «Jawohl, hopp jetz!», schrie ich ihnen entgegen. Mein Lieblingsspieler war dabei. «Hey, Alter!», rief ich auf das Feld. Er winkte in unsere Gerade, und ich winkte zurück und wusste genau, dass er eigentlich nur mich gemeint hatte. Er kam auf unsere Seite gesprintet, stoppte ab, schraubte sich in die Luft, imitierte einen Kopfball und ging dann bei der Landung gleich in die Hocke, um die Spannung in den Oberschenkelmuskeln zu prüfen. Eine obligatorische Aufwärm-Einlage kurz vor Beginn des Spiels. Beim Abdrehen spuckte er auf den Boden. Ich tat es ihm gleich, traf dabei jedoch den Lodenmantel eines älteren Herrn, der seitlich vor mir stand. Scheiß Vorbilder. Um den Herrn von seinem Mantel abzulenken, fing ich an, das Vereinslied zu singen. Keiner stimmte mit ein. Ich hielt inne und klopfte dreimal in die Hände. «Hopp jetz!» Platzwahl, Anpfiff und los. Die Spucke schlängelte sich am Mantelfilz nach unten, es sah nicht schön aus. Ich blieb trotzdem unertappt.

Das Spiel war aus sportlicher Sicht nur für den Gegner wichtig, der den Anschluss zu den Aufstiegsrängen wahren beziehungsweise den Abstand zu selbigen verkürzen wollte. Unser Team befand sich zu diesem Zeitpunkt im gesicherten Mittelfeld ohne Abstiegsangst. Trotzdem erzielte mein Lieblingsspieler mit einem 32-Meter-Gewaltakt-bei-dem-der-Torwart-Boa-Ey-schreit-und-wie-angewurzelt-stehen-bleibt-und-sich-denkt-so-wie-damals-Karl-Allgöwer-als-er-aus-40-

Metern-hingewixt-hat-und-ich-auch-nichts-machen-konnte-als-ich-noch-beim-MSV-Duisburg-gespielt-habe-Vollhammer die verdiente Führung. Ein tadelloses Beispiel an brutaler Schärfe und an Schallmauer-durchbrechender Wucht. Ein waffenscheinträchtiges Gebilde roher Gewalt, komplettiert durch scharfschützenähnliche Zielgenauigkeit. Kurz darauf gelang das 2:0, nach einer nicht mehr enden wollenden Kopfballstafette im Sechzehnmeterraum. Zweimal «Danke! Bitte!» innerhalb kurzer Zeit. Der Kessel drehte durch, alles tobte. Und der Gegner? «Nuuuull!!!!!»

Ich hing im Zaun und schwang die rechte Faust. Von dieser erhöhten Position aus versuchte ich gleichzeitig meinen Bruder zu erspähen. Ich blickte durch das ganze Stadion, obwohl es ja bei vollem Haus eher schwierig war, einzelne Personen ausfindig zu machen. Adlerauge scharf gestellt – nichts. Verzweifelt versuchte ich meine leere Limoflasche als Fernrohr zu benützen. Klebrige Flüssigkeit lief mir ins Auge. Ich fluchte. Wollte mir nun vor lauter Aufregung die dicke Hornbrille des Mannes mit dem angespuckten Filzmantel ausleihen. Brachte aber nur «Rotze» hervor. Verdammt, war ich nervös! Beruhige dich, verlangte ich von mir. Vielleicht war ja mein Bruder gar nicht da? Natürlich war er nicht da, wenn sein Team gegen das des Freundes seiner Ex spielte, in die er noch verliebt war und die er wiedergewinnen wollte. Blödsinn, er musste da sein. Tatsächlich entdeckte ich nun seine Exfreundin, die einige Reihen hinter uns saß. Dann war es mir nicht länger möglich, Ausschau zu halten, da mich meine Jungs wegen des Tors vom Zaun rissen. Freudig lagen wir uns in den Armen und tanzten im Kreise feiernder Fans. Hierbei kamen verschiedene Tanzstile zum Einsatz. Einige von uns sprangen in die

Luft. Starrer Körper, Arme eng an die Hüfte gelegt, so wie man es von afrikanischen Stämmen kennt. Andere tanzten die «Mazurka», die uns unsere Musiklehrerin beigebracht hatte. Das war eine Art ungarischer Volkstanz, bei dem man durch die Gegend hopst, als würde man barfuß auf glühenden Scherben laufen, während gleichzeitig eine Prise Heuschrecken im Gesäßeingang Silvester feierten. Wir deuteten das jedenfalls so. Ich «bangte head» und fasste mir abwechselnd ans Herz oder an die unsichtbare Gitarre. Die Leute um uns herum lachten oder schüttelten verwundert den Kopf. Headbanging light, sozusagen.

Es war ein dynamisches Spiel, schön anzusehen, Chancen hüben wie drüben. In der ersten Halbzeit. In Hälfte zwei wurde erst einmal nichts geboten. Unser Team musste nichts tun, und der Gegner konnte nichts tun. Die euphorischen Fangesänge glichen sich dem Fußballspiel an, das heißt, sie flachten ab. So war der Zusammenprall des Schiedsrichters mit unserem Vorstopper, bei dem beide strauchelten und zu Boden gingen, vorerst der Höhepunkt auf dem Rasen.

Doch der Rasen war bald nicht mehr wichtig. Ein anderes Ereignis sollte in den Fokus der Aufmerksamkeit geraten. Vorerst allerdings nur in den Fokus *meiner* Aufmerksamkeit.

Wir Jungs besorgten uns noch eine Sinalco und eine Wurstsemmel. Zwar war es unüblich für einen normalen Spieltag, drei Limos zu trinken, doch da wir uns des Sieges unserer Mannschaft schon sicher waren, richteten wir unser Hauptaugenmerk nicht mehr so sehr auf das sportliche Treiben.

Wir machten uns über anwesende Zuschauer lustig oder versuchten, mit den zu Bällen zusammengeknüllten Servietten der Semmel zu jonglieren. Mir gelang gerade eine Serie von acht Berührungen, da vernahm ich von irgendwoher eine vage Melodie. Ich blickte mich um und dachte, jemand hätte sein portables Radiogerät eingeschaltet. Vielleicht hatte auch der Stadionsprecher die Idee gehabt, mit einem leise eingespielten Lied die Stimmung wieder herzustellen. Diese Option schloss ich aufgrund von Hirngespinstigkeit wieder aus. Dennoch, der Stadionsprecher war schließlich für verrückte, animierende Maßnahmen bekannt. Ich wollte soeben wieder die Serviette behandeln, als ich abermals stockte. Da war doch was? Und es kam mir sehr bekannt vor. «Hört ihr das?», wollte ich von meinen Freunden wissen. «Nö.»

Ich blickte die Limonade in meiner Hand an, roch kurz daran. Kein Alkohol. Aber so was? Ich kannte das Lied, das mittlerweile in meinem Ohr immer stärkere Konturen annahm und sich immer deutlicher entwickelte. Aus ganz bestimmten Gründen war ich für diese Klänge hoch sensibilisiert. Wirklichkeit oder Traum, es war mein Lieblingslied. Ich erkannte die Melodie und nun auch die meisten Textpassagen. Ich sah nach allen Seiten, in alle Richtungen. Und plötzlich blieb mein Blick in der Westkurve hängen.

Ein weißes, riesengroßes Banner, schätzungsweise zwei mal sieben Meter, schwebte über den Köpfen der Fans, die als die Wilden bezeichnet wurden. In roten Lettern war zu lesen:

There is a light and it never goes out

Eine Person stand *vor* dem Banner erhöht auf einem Wellenbrecher, von zwei Menschen an den Beinen festgehalten, mit einem Megaphon ausgestattet. Durch das Gerät schallten die Worte meines Lieblingsliedes.

Und die Person mit dem Megaphon war – mein Bruder! Er stand dort wie eine Galionsfigur. Unterstützt wurde er von der ganzen umstehenden Meute. Alle klinkten sich mit ein und ließen in bester «You'll never walk alone»-Manier die Töne durchs Stadion wallen. Wie ein Teppich breiteten sich die gesungenen Sätze aus.

And if a double-decker bus crashes into us
To die by your side is such a heavenly way to die
And if a ten ton truck kills the both of us
To die by your side
Well, the pleasure and the privilege is mine

Es war kein Engelschor, aber die Melodie war deutlich zu erkennen, und ich muss zugeben: Ich bekam eine ordentliche Gänsehaut. Vermutlich auch einige andere Zuschauer, die dem Ereignis nun ebenfalls hohe Aufmerksamkeit zollten. Ich sang selbst mit, inbrünstig, und begann den Hintergrund des großartigen Vorhabens zu begreifen. Mein Bruder, der Anführer einer stimmgewaltigen Legion, sang in unsere Richtung, winkte, breitete manchmal seine Hände aus wie Howard Carpendale, zeigte abwechselnd auf die beschriebenen Bettlaken («Ich soll die gestohlen haben? Wer sagt das?») und auf seinen ihm untergebenen Chor, der normalerweise «Schiri, du Drecksau» und schlimmere Parolen intonierte. Mein Bruder musste genau wissen, wo seine Ex-Freundin saß. Er hatte sie genau im Visier. Da war ich mir sicher. Ich konnte trotz der Entfernung beobachten, wie sie verwundert in die Kurve blickte. Verstört und erstaunt zugleich, dass sie dieses Lied, das auch eines ihrer Lieblingslieder war, im Stadion hörte. Ich versuchte mich über die Plastiksitze zu ihr hochzuhangeln, kam allerdings nicht sehr weit und wurde von einem wütenden Familienvater gestoppt. Durch gestenreiches Wedeln mit den Armen und durch lautstarkes Mitbrüllen des Liedes konnte ich jedoch auf mich aufmerksam machen. Als sie mich sah, machte sich in ihrem Gesicht ein großes Fragezeichen breit. Sie zog die Augenbrauen zusammen, grinste eher komisch als süß,

schüttelte leicht den Kopf und zuckte fragend mit den Achseln. Ich deutete erst in die Westkurve, dann auf mich, dann auf sie. Diese Geste sollte bedeuten: Der da drüben, der das Lied singt, ist mein Bruder. Er tut das wegen dir, weil er dich immer noch liebt. Es hätte aber auch bedeuten können: Da drüben, ich, du. Sie fing an zu lächeln und blickte wieder in die Fankurve. Dann stand sie auf und gab mir durch Kopfnicken zu verstehen, dass sie ihn erkannt hatte. Ihren ehemaligen Freund. Ihr jetziger Freund wurde auf dem Spielfeld soeben ausgewechselt. Das interessierte momentan niemanden. Niemand Wichtigen. Wie auf ein unsichtbares Zeichen fiel die ganze Meute in den Schlussrefrain ein. Nun sangen dunkle Männerstimmen in Repeat-Funktion:

There is a light and it never goes out,
there is a light and it never goes out.

In diesem Moment, als ob das nicht schon toll genug gewesen wäre, entzündeten sich an beiden Enden des Banners bengalische Feuer. Es sprudelten rote Lichtfäden und helle, weiße Punkte in die Luft. Unablässig. Wie ein Springbrunnen aus tausend Wunderkerzen und Feuer spuckenden Drachen. Wie das Lichtspektakel eines Heavy-Metal-Konzerts, bei dem der Schlagzeuger nach einem Endlosbreak zusammen mit der gesamten Band wieder in den Refrain hineinfällt und der Sologitarrist seine Saiten aufheulen lässt, während der Leadgitarrist die fetten Riffs anschlägt. Eine ergreifende, farbenprächtige Show.

Es war der Hammer!

Ob nun irgendwelche unbelehrbaren Pyrofreaks diese Glanztat in Gang gesetzt hatten oder ob sie von vorneherein geplant war, war mir egal. Das Ganze hatte eine beeindruckende Wirkung. Unser Stadionsprecher richtete über die Lautsprecher eine unspektakuläre Warnung an die Zündler: «Hört's halt auf, oder!?»

Ich stolperte zurück zu meinen Jungs, die mich aufgeregt empfingen.

«Wo warst du?»

«Nirgends. Nur kurz da oben. Wahnsinn.» Ich freute mich wie ein Torschütze, der dem Uli Stein den Ball im Pokalfinale durch die Hosenträger geschoben hat. Neunzigste Minute, wohlgemerkt.

«Was singen denn die da drüben?» Meine Kumpels zupften an meiner Jacke.

«Ein Lied. Unser Lieblingslied.»

«Wessen Lieblingslied?», fragten sie.

«Egal. Wahnsinn. Könnte klappen», murmelte ich vor mich ihn.

Ich drehte mich noch einmal um. Das Mädchen, für das dieses Lied gesungen wurde, saß mit einem nervösen Lächeln im Gesicht auf seinem Platz und sah so aus, als sei es von der ganzen Szenerie schwer beeindruckt. Jawohl, sie war beeindruckt. Gesichtsausdrücke lügen nicht. Soweit ich das von meinem Platz aus zu beurteilen vermochte.

Offenbar hielten unsere Spieler die Vorstellung aus der «echten» Kurve für einen neuen Fangesang. Einige nickten mit Daumen nach oben in den Fanblock. Das Spiel ließen sie sich nicht mehr nehmen. Selbst nachdem der Schiedsrichter abgepfiffen hatte, hallte immer noch «There is a light and it never goes out» durch das sich langsam leerende Stadion. Liverpools Anfield Road hätte Applaus spendiert.

Da ich meinen Bruder nicht mehr entdecken konnte, dachte ich mir: Nix wie heim. Ich rollte dann aber doch noch ziellos mit dem Drahtesel durch die Straßen. Offenbar nahm mir die Freude am soeben erlebten Geschehen die Eile und auch die Geschwindigkeit aus den Beinen. «… to die by your side, such a heavenly way to die». Da hatte ich aber einen fabelhaften Ohrwurm im Kopf. So ein fuchsiger Haudegen, mein Bruder! Ich fand die ganze Aktion echt mutig. Zurück in die Höhle des Löwen, um den Löwen selbst als Knabenchor zu missbrauchen. Rein in die brutale Meute, um ihr ein Lied einzutrichtern, das Liebe verbreiten soll und nicht den für sie gewohnten und erstrebenswerten Hass. Natürlich musste ich auch den ehemaligen Freunden meines Bruders, mit denen er früher auf randalierende Streifzüge gegangen war, ein Lob bezüglich ihrer Loyalität aussprechen. Ich kannte diese Menschen nicht persönlich, aber einem Ausgestiegenen eine solche Form von Hilfsbereitschaft zu erweisen, hielt ich nicht für selbstverständlich. Ob er mit ihnen geübt hatte? Alle in Viererreihen hintereinander aufstellen und trällern? Konnte ich mir nicht vorstellen. Doch ich konnte mir ebenso wenig vorstellen, dass dieses Lied in ihrem Umfeld bekannt war. Wahrscheinlich hat mein Bruder nur Zettel mit dem Text verteilt, und alle waren auf seine Melodieführung eingegangen. Wie auch immer, die wichtigste Frage war: Zeigte die Geste Wirkung?

Auf dem Nachhauseweg passierte ich unter anderem zwei Menschen, die ebenfalls das Lied auf den Lippen trugen. Einer pfiff die Melodie vor sich hin, der andere sang sogar den Text und gehörte meiner Meinung nach zu den Westkurvenspatzen, zumindest ließ seine Kluft darauf schließen. An der Ampel sang ich mit ihm mit, und er hob die Hand zum Kumpelgruß und blinzelte mit einem Auge, was sicher so viel heißen sollte wie: «Hi Freund, Doppeldeckerbus und so.» Mein Lieblingslied, für das ich oftmals Schelte bekam, war nun der hoffnungsvolle Rettungsanker meines Bruders gewesen. Andererseits hätte es ja überhaupt nichts gebracht: «Run To The Hills» oder «Here I Am Rock You Like A Hurricane», «Hells Bells» oder «You Broke My Heart So I Rip Yours Out» darauf zu schreiben. Das wäre dem Ganzen im Sinne des erhofften Erfolges nicht zuträglich gewesen.

«...Und wenn ein Doppeldeckerbus uns schon töten muss – neben dir zu sterben, was für ein wundervoller Tod.» Ich hatte mich noch nie so richtig verliebt (außer in meiner Vorstellung in Ornella Muti), konnte mir aber denken, dass eine solche Aussage das Herz des Empfängers durchaus höher schlagen ließ. Sein eigenes Ableben als schön darzustellen, sofern nur die körperliche Nähe zum geliebten Menschen nicht mehr als – sagen wir mal – eine Armlänge beträgt ... Und gleichgültig, ob das Tötungsobjekt ein Doppeldeckerbus oder ein Lastwagen wäre ... Ja, so eine Aussage ist anständig.

Dann war ich daheim. Und da war ein Licht.

Und zwar in der Garage. Sie stand offen, und ich

sauste mit hohem Tempo in die Einfahrt und um die Kurve und gleich in die Garage, in der mein Rad zu stehen pflegte. Mein Knie streifte den Asphalt der Auffahrt, Toni Mang olé. Dann wurde das Vorderrad schlagartig blockiert, und ein Abwurf meinerseits war unvermeidlich. Fast katzenartig rollte ich mich über die Lenkstange ab und landete trotzdem unsanft auf Rücken und Gesäß. Mein kurzer Aufschrei klang nach «MistbockverreckterwasliegthierHurenAuverflixtAhh!» Also doch nicht so kurz. Als der erste Schock gewichen war, erkannte ich den Auslöser des Unfalls. Es waren Bettlaken. Das Banner, das mein Bruder beschriftet hatte. «Volltreffer! Das nenne ich mal eine Ex-Freundinwiederbeschaffungsmaßnahme, die den kleinen Bruder aufs Kreuz legt!» Aua. Nur lag ein Zahnrad seines Plans (wenn man zur Annahme bereit ist, dass ein ganzer Plan aus vielen kleinen Zahnrädern besteht, die alle ineinander greifen und funktionieren müssen, um einen Erfolg vorzuweisen) achtlos vor der Garage und zwang die falsche Person in die Knie. Mir war nichts passiert, also unterließ ich es, die Laken mit Füßen zu treten.

In der Küche saßen meine Eltern am Tisch, tranken Tee und unterhielten sich. Papa erzählte gerade von den neuen Gesängen im Stadion. Er hielt sie – ebenso wie die Spieler es getan hatten – für eine «neue Masche» der Fans.

«Irgendwelche Verrückten hielten ein Plakat hoch, mit einem englischen Satz darauf. Und sangen zwanzig Minuten lang ein Lied», berichtete er. «Ansonsten war unsere Mannschaft bei weitem besser. Verdienter Sieg. Komm doch mal wieder mit», forderte er Mama auf. Sie lächelte mir zu.

Mein Bruder kauerte im Wohnzimmer vor dem

Fernseher und blätterte unruhig in einer Zeitung. Ohne aufzusehen fragte er mich: «Und, wie war's?»

Ich antwortete: «Sie hat's gesehen.»

«Hast du es gesehen?»

«Natürlich hab ich's gesehen. Es war Klasse!»

«Nein. Hast du gesehen, dass sie es gesehen hat?», wollte er wissen.

«Das hab ich gesehen. Also, ich hab alles gesehen, und ich hab gesehen, dass sie es gesehen hat.»

Längere Pause.

Dann fragte mein Bruder: «Wie fandest du es?»

«Beeindruckend.»

Wieder Pause.

Er: «Wie hat sie ausgesehen?»

Ich zuckte mit den Schultern. «Hübsch.»

«Nein. Wie hat sie ausgesehen, als sie es gesehen hat?»

«Das habe ich nicht gesehen», gab ich zu.

«Waas? Du hast doch gesagt, du hättest gesehen, dass sie …»

«Jaaa, gesehen, gesehen, gesehen! Ich konnte schon erkennen, dass sie sich gefreut hat. Das glaube ich zumindest. Es war alles so aufregend! Ging alles sehr schnell, wenn ich mich nicht irre. War alles etwas unüberschaubar. So undeutlich.» Ich wollte mich nicht zu weit aus dem Fenster lehnen. Vielleicht waren meine Einschätzungen ihrer emotionalen Regungen ja auch falsch.

«Und undeutlich?», hakte er nach.

«War sie beeindruckt. Ganz bestimmt.» Ich wollte ihm dennoch unbedingt Mut machen.

Pause.

«Was soll ich jetzt tun?», fragte mein Bruder.

«Wahrscheinlich abwarten», gab ich achselzuckend zurück.

«Wahrscheinlich», sagte er und schaltete den Fernseher ab.

Emilio Butragueño, E

Genanntː El Butre, der Geier. Stach bei jeder sich bietenden Möglichkeit zu. Der beste spanische Stürmer aller Zeiten. Flink und wendig, agil und ehrlich. Begnügte sich mit den einfachsten Chancen. War kein Aasfresser, beherrschte den Geiersturzflug. Manchmal glaube ich, er hatte sich seine Kaltschnäuzigkeit bei mir abgeschaut.
Erfolge als Nationalspieler bei großen internationalen Turnieren: ./.

Erster Verein:

07/81–06/84 Real Madrid B

Letzter Verein:

07/95–06/98 Atlético Celaya

*22.06.1963
Größe: 170 cm
Gewicht: 69 Kg
69 Länderspiele für Spanien

Der Tag danach war ein Sonntag. In aller Herrgottsfrühe ging es – nicht in die Kirche, so wie es eigentlich von oben verlangt wurde. Da hielt ich es eher mit dem Gebot «Am Sonntag sollst du ruhen». Zumindest was den Besuch des heiligen Gottesdienstes betraf.

An diesem Sonntag rief jedoch der Rasen der blutigen Tatsachen. Ich spielte mit der Jugendmannschaft zu Hause gegen den Tabellennachbarn. Die Inspiration des gewaltigen Fernschusses, der gestern das 1:0 unserer Profimannschaft herbeiführte, noch dazu von meinem Vorbild, kam über mich und befahl: Schieß, aus der Entfernung. Schieß aus allen Lagen. Schieß mit links wie mit rechts. Schieß! Hau drauf! Bolze! Erzeuge Stoß! Erzeuge Strich! Erzeuge Rakete! Katapultiere Leder! Bomb the ball! Sprenge Z (Z = Schallgeschwindigkeit)! Schieß auch beim Einwurf. Solch eine Vorgabe kann fast schon zu extremem Egoismus führen. Das Festhalten an einer Imagination trübt den Blick für das Wesentliche. Das periphere Umfeld wird nur halb, zu 32 Prozent oder überhaupt nicht wahrgenommen, was dann so viel bedeutet wie: hundertprozentiges Konzentrieren auf das eine und nur das eine Ziel. Ohne Umschweife oder Verlassen des vorgegebenen Weges. In meinem Fall: Torerfolg durch Fernschuss!

Ich versuchte laufend, mich in Position zu bringen, um abzuziehen. Vom gestrigen Fahrradsturz war nichts mehr zu spüren. Das Ding musste rein – und zwar von weitem. Dachte ich mir. Doch die Tore machten andere. Wir führten mit zwei Treffern. Der Gegner war noch torlos. Gegen Ende des Spiels konnte ich mich gegen die an der Mittellinie positionierte Abwehrreihe durchsetzen. Jeder normale Spieler wäre auf den Tormann zugelaufen, hätte freundlich gegrüßt, gefragt, wo er die Kirsche hinhaben wollte, hätte dann in die andere Ecke geschossen, sich bedankt und an die erste Autoskooterfahrt auf dem gerade in der Stadt stattfindenden Volksfest gedacht. Nicht so ein von der Nachahmung eines Fernschusses, erzielt durch seinen Lieblingsstar, Besessener. Der zieht aus dreißig Metern ab, obwohl kein Hindernis in Sicht ist. Obwohl er freie Bahn gehabt hätte. Natürlich erfolglos. Das wäre alles nicht so schlimm gewesen, wenn nicht der Gegner noch den Anschlusstreffer gesetzt hätte. Mit Hängen und Würgen, Foulen und Halten konnten wir schließlich den sicher geglaubten Sieg über die Zeit retten. Quasi das altbewährte Defensivmotto anwendend: Der Ball darf schon mal vorbei, der Gegner auch. Aber niemals beides zusammen.

Der tobende Jugendleiter schimpfte während des Spiels schon wie ein Rohrspatz. Nach dem Abpfiff griff er mich an: «Du eingebildeter Rotzlöffel! Bist du nicht im Bilde, dass das ein Mannschaftssport ist? Und weißt du nicht, dass Tore benötigt werden? Was fällt dir ein, hier ohne Not durch die Gegend zu ballern?»

Im Vorbeigehen gab ich trocken zurück: «Schläuche anziehen. Selber spielen.» Im Hintergrund hörte ich ihn aufgehen wie eine warme Cola.

Es gibt nichts Schlimmeres als übergewichtige, dicke, unsportliche «So wird's gemacht»-Menschen, die einem den perfekten Lösungsweg vorbeten, beim Pissen aber intuitiv nach dem Geschlecht greifen müssen, weil sie nicht einmal ihre eigenen Zehenspitzen erblicken können. Wie war es möglich, dass ein ehemaliger Ringer als Jugendleiter eines Fußballvereins eingesetzt wurde? Er war noch dazu zweiter Vorsitzender des Schnupfclubs. Offenbar war sein Auffassungsvermögen durch die überdosierte Einnahme von Nasennikotin blockiert. Andererseits hatte er nicht Unrecht. Aber wie man in den Wald hineinbrüllt, so brüllt der Wald eben zurück. Dachte ich mir. Meinen Mitspielern erklärte ich allerdings mein Verhalten auf dem Platz und versicherte, dass es nicht mehr vorkommen würde. Alles klar bei denen. Kein Vorwurf, da wir eh gewonnen hatten.

Das vorher erwähnte Volksfest gab es wirklich. Und zwar direkt gegenüber dem Sportgelände. Unser Trainer lud uns nach dem Spiel auf ein Grillhendl in das Bierzelt ein. Als Punkteprämie sozusagen. Wenn Profis regelmäßig Hendl als Punkteprämie erhalten würden, dann würden manchen Spielern der Meistermannschaft Flügel wachsen, witzelten wir. «So viel Hendl könnten die gar nicht fressen!»

Spannend wurde es, als ein älterer Herr, ein ewiger Begleiter und eifriger Zuschauer der Jugendteams, zu den Maß Spezis, die wir vom Trainer spendiert bekamen, auch einige Maß Goaß hinzustellte. Dieses Getränk war meist der erste Kontakt vieler jugendlicher Fußballer mit Alkohol. Da es sich um ein süßliches Biermixgetränk (halber Liter Dunkelbier, halber Liter Cola, ein Stamperl Kirschlikör) handelte, waren unsere Geschmacksnerven beeindruckt. Die Folge: Man konnte durchaus in eine für unser Alter zu hohe Schluckfrequenz verfallen. Unser Spender war sich seines Fehlers nicht bewusst und prostete uns ermunternd zu. «Ihr müsst schließlich auch mal was Gescheites trinken. Mannsbilder wollt ihr doch werden!» Jawohl – und angezogen von dem Gesöff. Unser Kapitän gab den in solchen Situationen obligatorischen Dank zum Besten.

«Unser ewiger Begleiter hat sich's nicht nehmen lassen und hat sechs Maß Goaß hergestellt. Auf unseren ewigen Begleiter ein dreifaches ZickeZackeZickeZacke ...» und die ganze Leier.

In dem Bierzelt herrschte, obwohl es erst Sonntagvormittag war, schon reges Treiben. Der Anlass war eine in der Zeltmitte durchgeführte Boxveranstaltung. Ein Schaukampf zweier Landvereine. Zum Frühschoppen war das offenbar für viele eine abwechslungsreiche Unterhaltung. Und zum sonntäglichen Gottesdienst die einzige Alternative. Bei dem Schaukampf boxten abwechselnd Gleichaltrige und Gleichgewichtige der beiden Vereine gegeneinander. Auch in der Amateurliga gab es Unterteilungen in Gewichtsklassen, und dementsprechend fanden auch die Kämpfe statt – von leicht nach schwer. Papier, Bantam, Fliegen, Viertelschwer, Halbschwer, Schwer, Heavy, Metal.

Blöd anzusehen, wie sich Leute freiwillig verdreschen. Wie Hooligans. Nur offiziell und als Sport getarnt. Wo lag da wirklich der Unterschied? Im Ringrichter, wahrscheinlich.

Die gegrillten Geflügel verschwanden in unseren Mündern wie Äste in einer Häckselmaschine. Wir bildeten uns ein, sie wären recht trocken, und tranken umso mehr von der dunklen, mit Alkohol versetzten Flüssigkeit in den Maßkrügen. Als flankierende Maßnahme sozusagen.

Im Boxring tänzelten zwei Jugendliche, wie Marionetten an den Schnüren gezogen, um einen imaginären Kreis. Es wirkte auf mich eher so, als ob beide Protagonisten gerade lieber in einen Schweinsbraten beißen würden und einen kräftigen Schluck Bier trinken würden, statt Birnenmus zu fabrizieren. Ich sah beide schon einen Nichtangriffspakt unterzeichnen. Doch plötzlich tätigte einer von ihnen einen blitzartigen Schwinger, der im Zentrum des feindlichen Gesichtsfeldes einschlug. Der Getroffene, natürlich mächtig erschrocken, vollzog nun einen seltsamen Tanz. Gleich nach dem Treffer sprang er einen Meter nach hinten. Dort geriet er in Schräglage und versuchte durch ausgleichende Bewegungen dem entgegenzuwirken. Danach machte er drei weit ausholende Schritte, wie ein besoffener Flamingo. Blieb dann wie angewurzelt stehen. Sein Kopf begann hin und her zu schwanken wie ein Wackel-Dackel auf der Hutablage. Anschließend knickte er zackig in der Hüfte ab. Verharrte so zwei Sekunden lang. Und ging schließlich mit weichen Knien zu Boden. Eins, zwei, drei ausgezählt. Die trinkenden Bierzeltbesucher grölten und riefen: «Hau ihn um!», obwohl der Kampf schon längst für beendet erklärt worden war. Ein einsamer Biertrinker, der mindestens genauso schwankte, stellte sich auf die Bierbank, riss seine halb gefüllte Maß nach oben und brüllte: «So, Söhnchen, da werden wir mal besser den Arzt bestellen!», um dann rücklings zwischen zwei Bierbänken zu verschwinden. Der Mann war wohl in der Nacht zuvor im Zelt eingeschlossen worden und hatte freien Zugang zu den Zapfhähnen gehabt! Der Sturz sah verdammt schmerzhaft aus. Doch der Gestürzte rappelte

sich hoch, immer noch sein Literglas in der Hand, aus dem kein Tropfen verloren gegangen war, und schrie: «Sch... Scha... Schach matt, ihr Wichser!»

Der Boxer konnte erst nach geraumer Zeit aus dem Ring geschafft werden. Zwar verließ er ihn auf seinen eigenen Beinen, aber mit *ojos cruzados*, wie der Spanier zu sagen pflegt. Schielend, sagt der Deutsche.

Unsere Maßkrüge waren leer, und ein Großteil von uns klagte über ein pelziges Gefühl der Müdigkeit. Da halfen nur Aktivitäten an der Frischluft. Am Schießstand nahm man uns die Waffen ab, nachdem wir drei Hauptgewinne angeschossen und den Mechanismus der «Vorbeiziehende-Hasen»-Schießanlage zerstört hatten. Ein Röhrchen trafen wir nicht. Beim Dosenwurfstand drohte man uns mit der Polizei, da wir die Bälle nicht warfen, sondern volley aus der Hand auf die Pyramiden bolzten.

Am «Flying Twister» mussten drei von uns der Zentrifugalkraft Tribut zollen. Sie knallten dem Fahrgeschäftsbetreiber die Hähnchen samt Biermixgetränk vor die Füße. Irgendwann später, nachdem die Hälfte unserer Spieler schon im Bett lag, machte sich der Rest am Autoskooter zu schaffen. Drecksmusik, dachte ich noch. Kein Heavy Metal, dabei wäre es doch hier bei der schwermotorigen Sportart angebracht gewesen. «Highway To Hell» oder «Burning Wheels» oder «Easy Rider» oder «Born To Be Wild». Stattdessen spielten sie «Mein Maserati fährt 210 – schwupp, die Polizei hat's nicht gesehen. Ich geb Gas.» Was zum Teufel, Henker und Geier ...?

Gemeinsam mit unserem Libero erklomm ich einen gelben Schlitten. Der Niedergeschlagene aus dem Bierzelt war auch im Rennen. Er fuhr allein. Unverantwortlich, so etwas. Den hätte man doch nach Hause schicken müssen! Er schielte immer noch. Erst ein frontaler Zusammenstoß mit unserem Gefährt rückte seinen Jerry-Lewis-Blick wieder gerade. Dafür schossen jetzt mir die Tränen in die Augen. Schleudertrauma, dachte ich. Nix wie raus. Und das während der Fahrt. Mein Kumpel schrie nur «Aussteiger!» und fuhr allein weiter. Mir stieg nun alles oral Aufgenommene zu Kopf, der mir eine Rotation vorgaukelte. Ohne ein Wort des Abschieds machte ich mich auf den Heimweg.

Der Fußmarsch war angenehm und wirkte unterstützend bei meiner Regeneration. Die schwere Fußballtasche nervte etwas, aber ich wollte aus bestimmten Gründen nicht mit dem Rad fahren. Als ich zu Hause ankam, platzierte ich die Sporttasche unter der Garderobe. Ich war soeben im Begriff, mir ein Glas Wasser zu holen, da klingelte es an der Haustür. Eher verhalten als stürmisch. Ich öffnete.

«Hallo Süßer.»

«Hi», stammelte ich.

«Ist dein Bruder da?», fragte seine Exfreundin leise.

«Ja. Ich glaube schon. Weiß nicht. Ich bin gerade erst gekommen. Schleudertrauma.» Ich war etwas neben der Kappe. Zum einen wegen des Konsums von Goaß und dem Autocrash, zum anderen wegen der Freude darüber, dass sie aufgetaucht war. Sie blickte ob meines Gestammels etwas verwirrt drein, was nicht verwunderlich war.

«Komm rein», sagte ich. «Hallo.»

«Hallo.» Sie lächelte.

Und diesmal ging sie nicht zuerst zu Mama in die Küche.

Sie ging geradewegs ins Zimmer meines Bruders. Und dort blieb sie. Den ganzen Tag. Den ganzen Abend.

Ich verschwand in meinem Zimmer und spielte, nachdem ich mich etwas erholt hatte, mit meinen Schlagzeugstöcken.

Während ich die Hölzer fliegen ließ, interessierte mich brennend, was im Zimmer nebenan wohl gerade passierte. Oder nicht passierte. Über was redeten sie, wie redeten sie? Sprachen sie überhaupt miteinander? Lief es rund, lief es versöhnlich ab? Was lief? Na, Musik lief, das konnte ich hören. Und so begann ich über meine eigene musikalische Zukunft zu sinnieren. Die Zukunft sollte mir schließlich Reichtum, Ruhm und Ehre einbringen. Musik stand für mich in jungen Jahren schon stellvertretend für Leidenschaft.

Ich dachte: Musik bewegt, Musik erregt. Genauso zwar auch der König Fußball, nur dass in dieser Hinsicht meine Weichen schon gestellt waren. Ich hatte mein Team im Verein und meine Jungs auf dem Bolzplatz, ich war auf dem Wege! Und ich war mir sicher, dass meine Fähigkeiten denen mancher schlechterer Bundesligaspieler jetzt schon ebenbürtig waren. Na ja – zumindest annähernd. Aber in der Musik wollte ich nun mehr als nur Zuhörer sein. Ich wollte, dass man irgendwann auch *mir* zuhört. Natürlich brauchte ich eine Band dazu. Schlagzeuger können ja nicht allein spielen, denn zum Megaerfolg braucht man Melodien. Und dennoch gibt es Schlagzeuger, die einen steilen Werdegang hinter sich haben. Ein Beispiel ist Phil Collins. Zugegebenermaßen ein sehr schlechtes Beispiel. Er war Drummer bei *Genesis*, bevor er eine Solokarriere als Sänger mit Hang zum Poplied anstrebte. Da halte ich es lieber mit Keith Moon, der, unverkennbar in seiner Art, wild, schnell und teilweise bis zum Verlust seines Bewusstseins die Kuhhäute malträtierte. Allerdings war er als Einzelkünstler nicht so erfolgreich wie Collins. Auch wenn sein Leben in einem Auto endete, das wiederum von Wasser umschlossen wurde, da es letztendlich in einem Pool zum Stehen kam. Die weltweite Aufmerksamkeit für diesen spektakulären Abgang kam für ihn somit jedoch zu spät. Vielleicht flunkert der Überlieferer dieser Pool-Geschichte ein wenig. Aber so steht es – ab und an – geschrieben. Apropos geschrieben: Es ist natürlich von äußerster Wichtigkeit, dass ein ordentlicher Bandname ausgewählt wird. Da der akustische Weg dieser Band nicht diskutiert werden muss – denn Heavy und Rock sind gewichtige Wörter und werden bei mir ganz groß geschrieben –, ist die Richtlinie bei der Namensgebung deutlich zu erkennen. Mir schwebten einige aufregende Namen durch die Cerebralnuss, und da *nomen* gleich *omen est*, kann man sich auch einiges darunter vorstellen:

The Satan Kickers – Purer Heavy Metal mit leicht unkatholischen Texten.

Erste Singleauskopplung: «Penalty Shot With Fireball From Hell.»

Correctness im Outfit: speckige lange Lederhosen. Alte, heruntergeranzte Baumwolltrikots mit der Nummer sechs hinten drauf. Man beachte: Wir sind drei Musiker.

Doch damit könnte man Ärger mit dem Stadtpfarrer und dem Jugendamt bekommen, dachte ich. Von den Eltern ganz zu schweigen. Aber «Revolution was the only solution»! Und wie schön wäre es, endlich mal den verteufelt interessanten Fußball in einem ganz anderen Licht zu sehen! Wie der Sparifankerl Torwartparaden in einem lodernden Gehäuse (mit einem Ball namens Tango «Luzifer») vollzieht und ähnliche Themen. Man könnte sich hier überlegen, die «Roten

Teufel vom Betzenberg» als tiefenlastigen Knabenchor zu engagieren.

Oder wir nennen die Band

Heavy Medal – zu deutsch: schwere Medaille.

Erste Singleauskopplung: «Eagles' Swordfight».

Correctness im Outfit: lange Radlerhosen und Lederjacken. Haare im Genick lang wachsen lassen.

Das wäre wohl zu nah am schweren Metall, dachte ich. Und wieder fragte ich mich: Was die beiden wohl im Zimmer meines Bruders beredeten?

Wir können uns auch

Sea Of Thousand Tears nennen – melancholischer Doom-Metal mit Liebestexten.

Erste Singleauskopplung: «You Left Me But You Said Good Bye».

Correctness im Outfit: weiße Kutte aus Jeans-Stoff und schwarzes Lederarmband mit Nieten.

Man könnte eine neue Art von White-Metal kreieren, dachte ich. Einen Positiv-Metal mit vertonten Liebesgedichten und auf die christlichen Texte, welche typisch für diesen Musikstil sind, weitestgehend verzichten. Hier würde man einen schmalen Grat begehen, der in Bezug auf die Texte einen Vergleich mit «Modern Talking» zuließe. Doch das Ganze sollte eine Kampfansage an alle Bohlens, George Michaels und Softbrüder dieser Welt werden. Ein Affront gegen alle Söhnlein-Brillant-Musiker.

Wie wäre es dann mit

Hammer und Amboss – deutsche Texte über Handwerker, mit druckvollen, schweren Gitarren?

Erste Singleauskopplung: «Der Stein aus Blech».

Correctness im Outfit: ein schmutziges Lederwams. Lederkappe.

Ein Schmied ist ein Schmied, und der klopft auf

Eisen, dachte ich. So wie auch ein Schlagzeuger. Kraft und Energie stecken im Namen, das ist gut. Aber die Frage der Texte müsste hinsichtlich der Handwerksberufe eventuell neu überdacht werden.

Ich kann mir auch

The Kaltz Mannis vorstellen – Punkmusik der rohen englischen Art.

Erste Singleauskopplung: «Ich bin der wahre Manni».

Correctness im Outfit: Trainingshose mit leichtem Schlag und bananengelbe T-Shirts.

Bandname und Songtitel in Deutsch. Texte in Englisch. Bahnbrechend und facettenreich. Es konnte daran scheitern, dass uns Manni Kaltz vehement verklagen würde.

Dann kommt noch

Silver Wings in Frage – Melody-Metal mit Hymnencharakter.

Erste Singleauskopplung: «Fly To The Sky Of Winners».

Correctness im Outfit: blau glitzernde Blazer mit weißem Hemd, karottenmäßige Anzughosen. Auftoupierte Haarpracht.

Scheiße!, dachte ich.

Wie wäre es stattdessen mit

Wicked Crazy Horse Cannibals Eating The Tail Of An Oversized Mouse – Snare-Core gekreuzt mit Speed-Metal und Fistelstimme?

Erste Singleauskopplung: «Pickywickywoowee-Man».

Correctness im Outfit: kurze Cordhosen, hochgezogene Basketballsocken, schwarz-weiß geringelte Longsleeves, Baseballkappen (verkehrt herum aufgesetzt).

Klingt interessant, könnte aber schwierig werden, einen klaren musikalischen Charakter zu erzeugen. Schade.

Dann doch lieber

Prinzessin Bruce Lea – Orientalischer Instrumental-Rock.

Erste Singleauskoppelung: «Der halbgefährliche Fotzenmann und die Semikralle».

Correctness im Outfit: Oberkörper frei (wie Bruce Lee) und die Haare zu lustigen Seitendutts gedreht (wie Prinzessin Lea von *Krieg der Sterne*).

Meine Gedanken sind frei – wer kann sie erraten, dachte ich.

Genauso schön ist

The Bed and Breakfasts – schöne Aussagen verpackt in schönen Melodien. Modmäßig englisch und rau daherkommend.

Erste Singleauskopplung: «Forget And For Free».

Correctness im Outfit: einfarbige Polohemden, einfarbige Übergangsjacken.

Könnte musikalisch in die Richtung meines Lieblingsstückes gehen, dachte ich. Wäre mutig. Aber dann sollten es doch ein paar Verzerrungen mehr sein. Und wieder fragte ich mich: Was die beiden im Zimmer meines Bruders wohl gerade anstellen?

Dann ging mir der nächste mögliche Bandname durch den Kopf:

Hooligans der Rockmusik – wilde Hau-Drauf-Action mit skrupelloser Punk-Attitüde.

Erste Singleauskopplung: «Don't Kick Back In Anger».

Correctness im Outfit: zerrissene Bomberjacken mit «Gegen Nazis»-Aufnäher und «Gewalt? Nein Danke» darauf. Jogging-Turnschuhe.

So könnte man mit Hilfe scharfer Punkmusik diejenigen kritisieren, welche durch übermäßiges Aggressionspotenzial und Skrupellosigkeit Ungerechtigkeit verbreiten, dachte ich. Anti-Hooligan-Musik, zum

Beispiel. Wenn man unsere versteckte Ironie nicht erkennt, könnte man uns unser Vorhaben verkehrt auslegen. Missverstanden-Musik, in dem Fall – und man hätte eine randalierende Meute auf den Konzerten. Also verwerfen. Aber den Songtitel könnte ich mir für ein späteres Lied mit einer anderen Band merken. Der klingt gut. Das Verb *kick* kann im Zweifelsfall ausgetauscht werden. Vielleicht gegen ein Verb wie *go* oder *shout* oder *look*.

Und noch ein Name ging mir durch den Sinn:

Breaking Sticks – Rockmusik.

Erste Singleauskopplung: «Rumble In The City».

Correctness im Outfit: Wohlfühlklamotten.

Klein anfangen, dachte ich, mit Rockmusik, das ist doch ein guter Plan. Ich rufe zuerst Pierre Littbarski an, also den unechten Litti vom Bolzplatz, der spielt klassische Gitarre. Dem erkläre ich mein Erfolg versprechendes Vorhaben einer Bandgründung mit weitsichtiger Ertragsplanung. Natürlich müsste er für die Anschaffung eines Verzerrers selbst aufkommen. Nachdem ich ihm alles am Telefon erklärt habe, fragt er mit Sicherheit: «Wozu das Ganze?»

Ich sage dann: «Das macht Riesenspaß!»

Er fragt: «Was bringt das?»

Ich versichere ihm: «Wenn dann das Publikum klatscht, dann ist das so, als würde es uns Brot geben.»

Er sagt dann bestimmt: «Du meinst, Applaus ist das Brot des Künstlers?»

Ich: «Genau.»

Er – legt auf. Ich überlege, ob ich doch lieber Jean-Marie Pfaff als Gitarristen engagiere. Der hätte eine bestimmte, direkte, aggressive Art beim … hm … na ja … Hinauslaufen – auf die Bühne. Das wäre gar nicht so schlecht.

Anschließend kam mir gleich in den Sinn: Torhüter können keine Gitarristen sein. Denn nachdem sie mit ihren Händen ständig scharfe Geschosse abwehren müssen, sind diese in Mitleidenschaft gezogen. Eine degenerative Veränderung ist unvermeidlich. Das bedeutet, dass sich die Finger auf Dauer extrem verbreitern und die ganze Hand zur Pranke verkümmert. Mit diesen anatomisch benachteiligten Greifwerkzeugen ist schlecht Gitarre spielen, da sie zum einen die Gitarrensaiten nicht einzeln greifen können und zum anderen die Saiten mit ihren kräftigen Händen schon beim ersten Anschlagen zerreißen würden. Ferner könnte es sein, dass ein Torwart ganz selbstverständlich nach jeder Discokugel hechtet, die ihm ins Auge fällt. Torhüterinstinkt, sozusagen. Man stelle sich vor, das Publikum geht steil, da man seinen dritten Hit «What If I'm The Looser» spielt, und plötzlich schmeißt sich ein menschlicher Körper über die Köpfe hinweg nach der Discokugel! Aber so wurde wohl Stagediving erfunden. Dennoch, mit Jean-Marie komme ich nicht weiter.

Auch ein Bernd Schuster wird mir, nachdem ich ihm meinen Plan, eine Rockband zu gründen, nahe gelegt habe, eine Absage erteilen, dachte ich. Zu schüchtern, der Gute. Eine letzte Idee ist folgende: Ich organisiere einen Auftritt und suche mir dann erst meine Bandkollegen zusammen. Als Druckmittel sozusagen. Eine Band muss her, mit allem Drum und Dran, das steht fest. Schon allein, um bei den Mädels nicht nur als geistreicher Fußballspieler, sondern auch als begehrenswerter Musiker zu gelten, der gern Gästelistenplätze bei Konzerten klar macht, aber auch in zweisamen Momenten seiner Angebeteten ein romantisch-verträumtes ... äh ... Schlagzeugsolo vorspielt. Da fragte ich mich doch gleich, ob man «Hotel California», auf den Drums gespielt, erkennen würde. Und fragte mich wieder: Was die beiden im Zimmer meines Bruders wohl gerade fühlten?

Im Laufe der nächsten Stunde versickerten meine phantasiereichen Gedankenspiele im Sand, und aus diesem konnte ich sie nicht so einfach wieder freischaufeln. Treibsand im Gehirn. Ich drehte meinen Kassettenrekorder auf und ließ mich von der Musik ins Nichts davontragen. Und in diesem Nichts war eins auffällig.

Ich hörte den ganzen Abend die Tür vom Zimmer meines Bruders nicht schlagen. Das bedeutete, dass die Menschen, die vor geraumer Zeit den Raum betreten hatten, sich immer noch in demselben aufhielten. Natürlich konnte ich zu diesem Zeitpunkt nur vermuten, was die Bestandteile ihres Gespräches waren. Ob sie lachten oder weinten, ob sie Musik hörten und die Vergangenheit Revue passieren ließen. Ob sie sich im Arm hielten oder weit voneinander entfernt saßen. Ob sie sich anblickten oder jeder auf seine Hände starrte. Ich konnte nur vermuten, da die Ex-Freundin meines Bruders nicht wie immer erst zu Mama in die Küche gegangen war, und ich konnte nur vermuten, welchen Eindruck die Vorstellung meines Bruders am Tag zuvor im Stadion bei ihr hinterlassen hatte.

Als ich noch später am Abend mein Fahrrad vom Sportplatz holen ging, brannte im Zimmer meines Bruders Licht. Das sah ich durch das Fenster. Als ich wiederkam, stand das Auto seiner Besucherin immer noch da. Das Licht brannte immer noch.

Und es ging nie mehr aus. Also, symbolisch gesehen. Natürlich ging das Licht noch aus, in der Nacht. Auch ich drehte irgendwann meine Lampe aus und die Musik etwas leiser. Ich schlich auf leisen Sohlen Richtung Schlaf. Doch mein Kassettenrekorder blieb weiter stur:

There Is A Light – And It NEVER Goes Out!

Mein empfohlener Soundtrack zum Buch:

1. 666 – Iron Maiden
2. Long Live Rock – The Who
3. Seek & Destroy – Metallica
4. Opel Gang – Die Toten Hosen
5. Sheena Is A Punkrocker – The Ramones
6. Ace Of Spades – Motörhead
7. Waiting Room – Fugazi
8. I'm The Man – Anthrax
9. God Save The Queen – The Sex Pistols
10. Breaking The Law – Judas Priest
11. I Love Rock'n'Roll – Joan Jett
12. Highway To Hell – AC/DC
13. God Gave Rock'n'Roll To You – Kiss
14. We Are The Champions – Queen
15. You'll Never Walk Alone – Elvis
16. There Is A Light – The Smiths

Bonus:

Hooligans der Rockmusik – Flo Weber

Solo Morasso – Bolzplatz Heroes

All die Schlachten – Sportfreunde Stiller

WWW.SPORTFREUNDE-STILLER.DE WWW.UNIVERSAL-ROCK.DE
UNIVERSAL
UNIVERSAL MUSIC
blickpunkt pop
SPORTFREUNDE
YOU HAVE TO WIN
ZWEIKAMPF
STILLER
11 LIEDER MÜSST IHR SEIN
RUND UMS RUNDE LEDER EINZIG UND ALLEIN.
EIN LANG GEHEGTER WUNSCH, EINE HERZENSANGELEGENHEIT.
EIN MUSIKALISCHER VOLLSPANN DER VOLLENDET UND BEFREIT.
EIN SEITFALLZIEHER VOLLEY DER MELODISCHEN ART
MAL TRÄUMERISCH VERSPIELT - MAL ZIELSTREBIG - MAL HART…
EURE…
SPORTFREUNDE
YOU HAVE TO WIN
ZWEIKAMPF
STILLER
DAS ALBUM MIT…
MEIN FREUND IST AUS LEDER
EINE LIEBE DIE NIE ENDET
'54-'74-'90-2006
ALL DIE SCHLACHTEN DIE WIR SCHLAGEN
BUDENZAUBER
TISCHTENNIS
NIX GEHT MEHR
DIE FRISUR VON BJORN BORG
DEM FRITZ SEIN WETTER
POGO IN TOGO
ETC…